밤을 새워 준비해 쿨을 다해 말했더니

그래서 하고 싶은
말이 뭔데?

라고 들었다...

밤을 새워 준비해 혼을 다해 말했더니

그래서 하고 싶은 말이 뭔데?

라고 들었다...

상대방의 머릿속에
정확하게
그림을 그려주는
말의 기술 10

다케우치 가오루 지음
사가노 고이치 구성
백운숙 옮김

Ć
청림출판

한 그루의 나무가 모여 푸른 숲을 이루듯이
청림의 책들은 삶을 풍요롭게 합니다.

시작하며

요즘 유례없는 '교양 열풍'이 일고 있다.

동시에 자신의 생각을 정확하게 전달하는 각종 '대화의 기술'이 유행하고 있다.

교양 있는 사람은 폭넓은 지식을 깊이 이해하고 있어서 대화를 나누어보면 재미있다. 요리, 음악은 물론 역사, 과학, 비즈니스와 같이 다양한 지식 분야에서 여러 사람들에게 즐거움을 선사한다.

그런데 교양 열풍이 일면서 이런 사람도 눈에 띈다.

지식은 풍부하다. 무엇이든 아는 듯하다. 하지만 막상 대화를 해보면 기대에 못 미친다.

'794년 일본 헤이안쿄(교토) 천도'

'1600년 영국 동인도 회사 설립'

'반지름×반지름×3.14'

이렇게 연도와 공식을 줄줄 외우지만 딱 그뿐이다.

인터넷이나 위키백과Wikipedia에서 본 정보를 마치 이미 잘 알던 사실인 양 말하는 사람, 저명인사의 말을 토씨 하나 바꾸지 않고 그대로 베껴 자기 생각인 양 말하는 사람.

이런 사람은 언뜻 교양 있는 듯 보여도 대화를 나누어 보면 '재미'가 없다. 지식을 알고는 있지만 자신만의 이야기로 풀어내지 못한다. 지식을 과시할 줄만 알지 **"그래서 하고 싶은 말이 뭔데?"** 핀잔이나 듣는 이른바 '교양 바보'다.

안다고 착각하는 '교양바보'

그렇다면 '교양을 풍부하게 소화하는 사람'과 '교양바보'의 차이점은 무엇일까?

'밑변×높이÷2'라는 공식을 생각해보자.

삼각형 면적을 구하는 친숙한 공식이다. 어른이 되면 삼각형 면적을 구할 기회는 거의 없지만 입에 착착 붙어서 잊으려야 잊지 못하는 공식 중 하나다.

그런데 꼬마 아이가 이렇게 물으면 어떻게 대답할 텐가?

"면적을 구하는데 왜 2로 나눠요?"
"그게 삼각형 면적을 구하는 방법이야! 아주 옛날 사람들이 2로 나누면 된다는 사실을 발견했단다."

이렇게 무성의하게 설명하는 사람이 제일가는 교양바보다. 아이가 이런 설명을 듣고 산수에 재미를 붙일 리만무하다. 교양바보는 자신의 지식을 단편적으로 나열하는 수준에 머문다. 지식을 얻는 데에 만족하고 더는 생각하지 않기 때문에 '왜 그렇게 되는지'는 설명하지 못한다.

그렇다면 면적을 구할 때 2로 나누는 이유는 무엇일까?
이유는 무척 단순하다.
사각형의 면적은 밑변과 높이를 곱해서 구하는데, 이를

절반으로 나누면 삼각형의 면적이 되기 때문이다.

그렇다면 '반지름×반지름×3.14'는 어떨까? 원의 면적을 구하는 공식이다. 조금 전처럼 아이가 공식의 원리를 물으면 어떻게 설명할 텐가?

원을 잘라보면 한결 공식을 이해하기 쉽다.

먼저 원을 피자(△)처럼 부채꼴로 자르자.

그런 다음 피자 조각을 엇갈리게 놓자(△▽△▽△▽).

자, 평행사변형 꼴이 되었다. 평행사변형의 면적을 구하는 공식은 '밑변×높이'다. 원으로 만든 평행사변형의 높이는 원주(원의 둘레)의 절반이므로, 원주를 구하는 공식 '지름×3.14'에서 '지름' 대신 '반지름'을 곱한다. 따라서 높이는 '반지름×3.14'가 된다. 그리고 평행사변형의 밑변은 원의 반지름이다.

원의 밑변과 높이를 알았으니 앞서 나온 평행사변형의 면적을 구하는 공식에 적용해보자. '밑변(반지름)×높이(반지름×3.14)', 즉 원의 면적을 구하는 공식인 '반지름×반지름×3.14'가 된다.

지금은 원을 피자 조각처럼 어림잡아 잘랐기 때문에

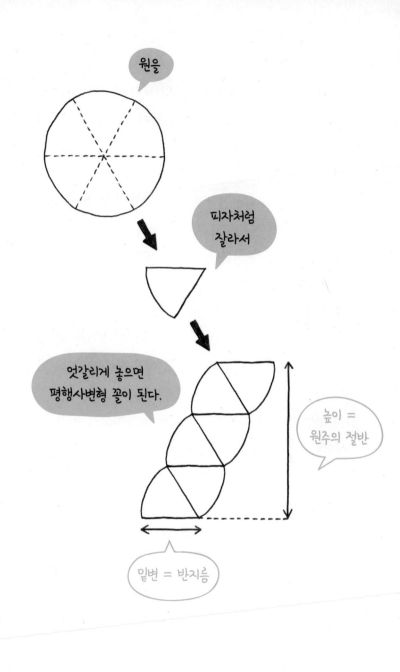

평행사변형의 높이가 원주의 절반보다 작지만, 원을 정확하게 나눌수록 평행사변형의 높이는 원주의 절반에 가까워진다. 원을 정확하게 나누어 더하려는 노력은 적분으로 이어졌다.

덧붙이자면 위에서 언급된 3.14는 어림수로, 원주와 지름의 비율이라는 뜻에서 '원주율'이라고 부르며 그리스 문자 π(파이)로 표시한다. 옛날 사람들은 원을 두 개의 정다각형 사이에 끼운 다음 다각형의 둘레를 일일이 계산해 원주율을 구했다고 한다.

물론 역사적 사건과 연도, 공식, 자잘한 지식을 알 필요가 없다는 뜻은 아니다. 오히려 이런 지식은 알아두면 유용하다.

하지만 **단순히 외우기만 한다면 교양바보**가 되기 십상이다.

교양이 풍부한 사람과 교양바보의 차이는 한마디로 **그림을 그려주듯 스토리로 말할 수 있는가**에 있다. 상대방이 흥미를 느낄 수 있는 이야기로 지식을 전할 줄 아는 사람이 바로 이 책에서 말하는 교양인이다.

지식을 과시하면 눈총 받는다

그렇다면 단편 지식을 이야기로 엮기 위해서는 어떻게 해야 할까?

얼마 전에 지인들과 식사를 하다가 '카포에이라Capoeira' 이야기가 나왔다.

카포에이라를 아는가? 카포에이라란 춤과 격투 기술이 어우러진 브라질의 전통 무예로, 유네스코 무형문화유산으로 등재되어 있다.

나는 2년 전부터 카포에이라를 배우고 있다. 지인 중 한 분이 나에게 카포에이라 이야기를 듣고 싶다며 말을 꺼냈는데, 동석한 다른 분이 대뜸 카포에이라에 대해 설명을 늘어놓기 시작했다.

"브라질에 노예로 끌려온 아프리카 흑인들이 만들었다는 둥 이러쿵저러쿵……."

"발기술이 화려하고 예술적이니 어쩌고저쩌고……."

그런데 정작 말하는 분은 카포에이라를 한 번도 해본 적이 없었다.

어딘가에서 글로 본 지식을 뽐낼 뿐이었다.

그분이 열변을 토할수록 주위 사람들은 흥미를 잃었다. 카포에이라의 회전 운동을 설명하고 있지만 사실 직접 해본 적은 없었다. 회전 운동이 무엇인지를 이해하고 있는지조차 의문스러웠다. 카포에이라를 배우는 입장에서, 나라면 "발을 오른쪽으로 돌리면서 팔을 왼쪽으로 돌려야 균형이 잡혀요"라며 회전 운동에 대해 생생하게 이야기할 수 있었을 텐데 말이다.

이렇듯 **상대에 대한 배려 없이 지식을 뽐낸다**는 점이 교양바보의 나쁜 습관이다.

교양바보는 지식 습득을 무엇보다 중요시하기 때문에 자신의 지식이 풍부하다는 점을 드러내고 싶어 한다. 그래서 장소를 불문하고 지식을 과시한다.

물론 글로 배운 지식이 나쁘다는 말은 아니다. 몸소 체험하며 얻은 지식에 확실히 '깊이'가 있다는 말이다.

가이드북에서 읽은 해외여행 정보보다 직접 여행하면서 보고 듣고 체험한 정보가 지식으로서 깊이가 있다.

음악도 마찬가지다. 나는 재즈를 좋아하는데, 명곡만

잔뜩 외워 남들 앞에 늘어놓으면 단순한 지식 컬렉션에 불과하다. 좋아하는 곡 또는 좋아하는 아티스트의 앨범을 심취해 듣다 보면 깨닫는 점이 있다. 연주 특징이 귀에 쏙쏙 들어오면서 스타일을 구분하게 되고, 역사를 공부하며 곡을 깊이 음미할 수도 있다. 직접 악기를 연주하고 아티스트의 연주를 따라 하는 단계에 이르면 더할 나위 없이 훌륭한 교양인이다.

음식 역시 마찬가지다.

인터넷의 맛집 검색 사이트에서 맛있기로 정평이 난 음식점을 알고만 있으면 무슨 소용인가. 직접 음식점을 찾아가 요리를 먹어봐야 맛을 논할 수 있다. 맛집 검색 사이트의 리뷰를 빌려 말한다면 미식가라고 칭하기에는 어딘가 부족하다. 사 먹기만 하지 말고 셰프에게 조리법을 물어 직접 요리까지 해보면 흠잡을 데 없는 교양인이다.

지식을 꾹꾹 눌러 담기만 하지 말고 직접 체험하라. 그리고 지식을 교양으로 발전시켜라. 단편 지식이 이야기가 되고 '교양'으로 승화된다.

지식을 엮어 이야기로 만드는 힘

이제 본론으로 들어가 보자.

교양바보에서 진짜 교양인으로 거듭나려면 어떻게 해야 할까?

교양인이 되기 위한 방법은 단 하나, 바로 **상대방의 머릿속에 그림을 그리듯 '알기 쉽게 전하는'** 것이다.

교양 있는 사람은 지식을 단편적으로 나열하는 대신 **경험에서 우러나오는 풍부한 '접착제'**로 지식을 엮어 이야기를 완성한다.

교양인은 한 가지 관점에서만 이야기하지 않는다. 소재를 일상으로 끌어와 생각하고 다각도에서 이야기하기 때문에 교양인의 말은 흥미롭다. 즉 교양인은 이야기의 서랍이 많다.

소재를 보는 관점과 사용할 줄 아는 도구가 하나뿐이라면 이야기가 상대에게 전해지지 않았을 때 그대로 '아웃'이다. 더 이상 이야기를 전할 방법이 없다.

하지만 다양한 이야기 패턴을 지니고 있으면 누구에게

든 알기 쉽게 말할 수 있다.

 서로 잇지 못하는 공식을 1,000개 외워봐야 소용이 없 듯이 말이다.

 교양인으로 거듭나려면 우선 지식을 정성껏 이어 붙일 연결 고리를 만들자.

 지식을 이어 붙일 접착제를 사용하려면 관점을 달리 하고 도구를 바꿔 들 줄 알아야 한다. 그러려면 먼저 말 하려는 내용의 본질을 잘 파악하고 있어야 한다.

 명쾌하게 말하는 기술은 앞으로 충분히 설명하겠지만, 복사해서 붙여 넣은 지식보다 몸소 체험해 자기 나름대 로 이해하는 과정(흔히 '납득하다'라고 표현한다)이 무엇보 다 중요하다는 사실을 우선 명심하자.

'잘 아는 것'을 넘어 '잘 알려주는' 교양인의 자세

 오늘날, 교양인은 위기를 맞았다. 지식과 효율을 무엇 보다 중요시하는 분위기가 사회에 만연해 있다. 교양인이 사라진 사회는 어떤 모습일까. 잘못된 방향으로 흐를 것이 불 보듯 뻔하다.

일본인 중에서 최초로 노벨상을 받은 이론물리학자 유카와 히데키湯川秀樹는 《나그네旅人》라는 자서전을 썼다. 유카와 히데키는 아름다운 일본어를 구사하며 한문 소양도 뛰어나고 문장이 유려하다. 유카와 히데키는 물리학 공부를 시작하기 전에 '문학소년'이었다고 한다. 다양한 문학 작품을 섭렵하며 일본어와 문장에 관한 교양을 쌓았을 것이다.

유카와의 대학 동창이자 일본인으로서는 두 번째로 노벨상을 받은 물리학자 도모나가 신이치로朝永振一郞의 문장 역시 무척 유려하다. 일본 전통 인형극인 닌교조루리人形浄瑠璃와 같은 고전 예술은 물론 외국어에도 능통한 폭넓은 교양의 소유자였다.

제2차 세계대전 이전까지만 해도 일본에는 참된 교양인을 길러내는 시스템이 갖추어져 있었다.

하지만 언제부턴가 효율과 전문성을 우선시하게 되면서 진득하게 교양인을 길러내는 분위기가 사라져갔다.

법률은 법학과에서, 경제는 경제학과에서, 물리는 물리학과에서 저마다의 전문 분야만 배운다.

여러 분야의 교양을 고루 갖춘 뒤에 전문 분야를 공부하면 더할 나위 없겠지만 그렇게까지 시간을 들이기는 어렵다. 한 분야의 전문가를 뚝딱 길러내는 오늘날의 시스템은 전문가가 해당 분야에만 밝다는 한계가 있다. 경제와 경영을 전공해 능력 있는 사업가가 되어도 개인의 이익만 좇는다면 사회에 좋은 영향을 주지 못한다.

전문가가 되기를 바라는 교양바보는 자신을 최우선으로 여긴다.

그래서 자칫 이기적인 세상이 될까 걱정스럽다.

한편 교양을 쌓으면 모두를 위하는 마음을 가꿀 수 있다. 교양을 쌓아 많은 사실을 알게 되면 자연히 다양한 관점과 사고방식으로 사회를 바라보게 된다. 이렇게 해서 느낀 점을 사회에 제언하며 사회를 조금 더 나은 방향으로 이끈다.

즉 교양인이 늘어날수록 세상을 보는 관점과 지혜가 늘어나고 사회는 나날이 풍부해진다. 이렇듯 '교양인'은

앞으로 미래를 책임질 세대를 위해서도 중요하다.

그런데 시대와 사회를 한탄해도 현실은 바뀌지 않는다.

그래서 이 책에서는 교양바보에서 진짜 교양인으로 거듭나기 위해 꼭 필요한 '알기 쉽게 말하는 기술'을 전수한다.

이 책은 기존의 교양서와는 사뭇 다르다.

지식을 채워주는 대신 지식을 내 것으로 만들어 알려주는 방법을 전수하기 때문이다.

'알기 쉽게 말하는 기술'을 익히면 당신의 내면에도 변화가 일어날 것이다. 지식을 나열하는 수준에서 벗어나 지식을 이야기로 엮어 말할 수 있게 된다. 진짜로 교양이 있는 사람은 자신의 지식을 뽐내지 않는다. 어떻게 하면 자신의 이야기를 상대방에게 잘 전할 수 있을지를 고민한다.

독자 여러분이 이 책을 읽고 누구에게나 지식을 교양 있게 이야기할 수 있었으면 좋겠다.

_

"친절한 말은 짧고 하기 쉽지만
그 울림은 무궁무진하다."

_마더 테레사Mother Theresa

_

2장 머릿속 생각이 술술 풀리는 교양인의 말기술 10

3장 하고 싶은 말이 뭔지 알 수 없는 교양바보 7

4장 말이 절로 우아해지는 어휘력 기르기 연습 7

5장 '명쾌함의 유혹'에 속지 않는 비결

6장 마음에 와 닿는 문장 만들기 연습 3

1장

교양인의 말은
왜 쏙쏙 이해될까?

"그래서 하고 싶은 말이 뭔데?" 핀잔 듣는 사람

당신 주변에는 어떤 사람이 많은가?

- 말이 명쾌한 사람
- 횡설수설하는 사람

당신은 이 둘의 이야기를 들을 때 무슨 생각이 드는가?

- 말이 명쾌한 사람→ 두뇌 회전이 빠르다, 지적이다, 교양이 있다
- 횡설수설하는 사람→ 복잡하다, 요령이 없다, 교양이 없다

횡설수설하는 사람과 이야기를 나누면 곤혹스럽다.

'그래서 무슨 말이 하고 싶은 건데?'라는 생각이 들어 조바심이 나고 의사소통이 충분히 이루어지지 않으니 불필요한 문제가 생긴다.

명쾌하게 말하는 기술이 필요한 순간은 일할 때뿐만이 아니다.

가족 또는 친구와 대화할 때도 마찬가지다. 어제 본 영화의 줄거리를 설명하는 상황을 상상해보자.

"대박! 진짜 재미있었어!"

"어떤 점이?"

"음, 그러니까……."

이렇게 말문이 막히면 정말로 재미있게 봤는지 의심스럽다.

이밖에도 오늘 있었던 일, 지하철역에서 약속 장소까지 가는 방법, 부하에게 내리는 업무 지시 등 대화 상대에게 말을 전해야 하는 상황은 생각보다 많다.

우리는 보통 상대방의 말을 들으면 '명쾌하다' 또는 '무슨 말인지 모르겠다'고 상대방을 평가한다. 바꾸어 말하면 당신도 알게 모르게 대화 상대에게 평가받고 있다는 뜻이다.

친한 친구나 마음이 통하는 동료라면 "대체 무슨 소리야!" 하고 웃으며 한마디 던질지도 모른다. 하지만 들으면서 고개를 갸우뚱하더라도 겉으로는 티를 내지 않는 경우가 허다하다.

이렇듯 명쾌하게 말하는 기술은 나도 모르는 사이에 평가받기에 더욱 중요하다.

'알기 쉽게'란 무엇일까?

'알기 쉽게'를 외치는 세상이다.

서점 서가에는 '쉽게 배우는', '알기 쉬운', '만화로 배우는'과 같은 제목의 책이 가득하다. 텔레비전 방송에서는 방송 내용을 알기 쉽게 정리하고 의견을 덧붙이는 해설자(코멘테이터)의 역할이 중요해지고 있다. 인터넷상에서는 방대한 정보를 일목요연하게 정리해주는 다양한 정리 사이트가 인기다. '일단은 정리 사이트에서 정보를 확인해보자'는 사람이 상당하다.

그런데 조심해야 할 점도 있다. 해설자가 경력을 사칭하는가 하면, 정리 사이트에는 함부로 베껴온 자료와 자의적으로 편집한 가짜 정보가 증가하는 추세다. 해설자의 경력과 정리 사이트의 정보에는 함정이 있다는 뜻이다.

그렇다면 진정한 의미의 '알기 쉽게'란 과연 무엇일까?

여러분이 누군가의 이야기를 듣거나 책 또는 웹페이지를 읽으며 '아하!' 하고 무릎을 탁 치는 순간은 언제인가?

'아하!' 하고 느낄 때, 뇌 속에서는 특정 작용이 일어난다.

이에 대한 다양한 연구 결과가 있고, 어떻게 받아들일지는 저마다 다르다.

하지만 과학 작가로서 문과와 이과의 이야기를 접하며 소위 '명쾌하게 말하는 사람'을 많이 만나본 나의 견해는 이렇다.

인간은 뇌 속에 '그림'이 떠오를 때 '아하!' 하고 느낀다.

'이게 무슨 소리야?'

머릿속에 이렇게 물음표를 띄우는 독자가 있을지도 모른다.

지금부터 차근차근 설명하겠다.

"이렇게 쉬운 말을 왜 못 알아듣지?"

인간은 기호를 사용하는 동물이다. 한글, 한자, 알파벳과 같은 글자는 물론이고 숫자와 음표도 기호에 해당한다. 지구상에 존재하는 동물 중 인간만이 기호로 의사소통을 한다. 기호는 인간이 오랜 세월을 거치며 개량해온 편리한 도구다.

우리는 숫자를 사용해 '수'를 정확히 전달하고 음표를 사용해 멜로디를 표현한다. 말을 사용해 눈에 보이지 않는 '심상'을 상대방에게 전한다. 또한 과거에 있었던 일, 앞으로의 일, 사람의 감정과 사고도 전달한다.

그렇다면 인간의 뇌는 기호를 어떻게 처리할까?

엄밀히 말하면 기호는 그 자체만으로는 아무런 의미가 없다.

기호가 뇌에 도달하면 뇌는 기억을 더듬는다. 그리고 새로 도달한 기호가 뇌 속에 있는 지금까지 쌓은 지식, 경험, 기호와 완벽히 맞아떨어질 때 비로소 '아하!' 하고 느낀다. 간략하게 정리하면 아래와 같다.

외부에서 들어온 '기호' = 뇌 속에 있는 '기억'

우리의 뇌는 기호를 기억으로 처리하는 과정에서 '그림'을 그린다. 그림이 선명히 그려지면 '아하!' 하고 무릎을 친다.

친구와 대화를 나누다가 "어제 바닷가에서 개랑 놀았어"라는 말이 나왔다고 치자.

당신의 뇌 속에 바닷가와 개의 '그림'이 떠오를 것이다.

이 그림은 이내 사람과 개가 바닷가에서 뛰노는 '영상'으로 변한다.

그런데 친구가 "모래사장에 구멍이 있었는데, 거기에서

이상한 게 나오는 거야"라고 말했다면 어떨까?

일단 모래사장에 구멍이 뚫린 '그림'은 떠오를 것이다.

하지만 그다음에 나오는 '이상한 것'은 쉽사리 상상되지 않는다.

'이상한 것'이라는 말만 듣고는 그림을 그리기 힘들기 때문이다. 이 점이 걸리는 당신은 뇌 속에 '그림'을 그리기 위해 "이상한 거? 그게 뭐야?", "무슨 색깔이었는데?", "작아? 커?" 하고 친구에게 질문을 던질 것이다. 기호가 보완되어 그림이 자세히 그려질 때 비로소 "아하, 그거구나!" 하고 고개를 끄덕인다.

즉 알기 쉽게 말하는 사람이란 상대의 뇌에 신속히 '그림'을 그려주는 사람이다. 이와는 반대로 그림을 시원스럽게 그려주지 못하는 사람은 횡설수설하는 사람이라고 할 수 있다. 그래서 서점에 진열된 '쉽게 배우는', '만화로 배우는'이라는 말이 들어간 제목의 책은 뇌에 신속하게 '그림'을 그려주려는 책이라고 할 수 있다.

소쉬르의 언어학에서 배우자!

'알기 쉽게 말하는 기술이란 뇌 속에 그림을 그려주는 것'이라는 점을 나에게 깨우쳐준 인물이 있다. 바로 스위스의 언어학자 페르디낭 드 소쉬르Ferdinand de Saussure다.

'근대 언어학의 아버지'라고 불리는 소쉬르는 '시니피에signifié'와 '시니피앙signifiant'이라는 언어학 용어를 정의했다. 시니피에와 시니피앙이란 무엇일까?

당신이 바다에 관해 이야기하고 있다고 치자.

당신의 머릿속에 떠오른 바다의 심상 및 개념이 '시니피에'다. '바다', '海', 'Sea'와 같은 문자 및 소리는 '시니피앙'이다.

예를 하나 들어보겠다.

당신의 눈앞에 있는 '개' 자체는 물리적인 존재다. 당신이 떠올리는 개의 영상과 소리, 즉 뇌 속에 있는 개의 심상이 '시니피에'다. 이것이 '개', '犬', 'dog'와 같은 언어(문자, 소리)의 형식을 띠면 '시니피앙'이다. '개' 자체의 심상은 변함없지만 개를 보는 사람에 따라 그 명칭은

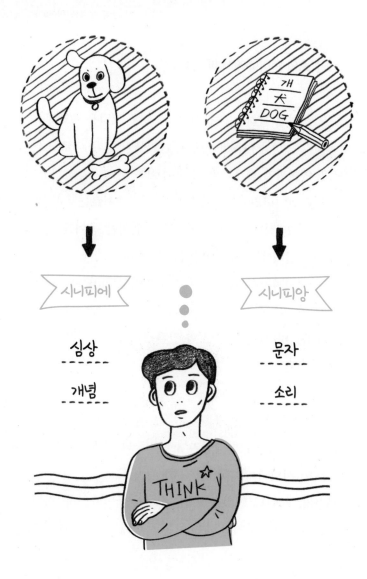

시니피에

시니피앙

심상
개념

문자
소리

'개', 'dog', '왕왕'으로 변한다.

언어는 무척 편리한 전달 수단이다.

바다와 개가 없는 곳에서도 언어를 사용해 "어제 바닷가에서 개랑 놀았어"라고 지난 일을 추억할 수 있다.

그런데 이때 조심해야 할 점이 있다. 바로 당신과 상대방이 각각 머릿속에 그린 개의 그림이 똑같으리라는 법은 없다는 점이다.

듣는 이만 머릿속에 그림을 그리지는 않는다. 말하는 이 역시 머릿속에 그림을 그리고 이를 말로써 듣는 이에게 전한다.

당신이 말하는 입장이라면 상대방에게 어떤 그림을 그려줄 것인가?

당신은 치와와를 그렸는데 상대는 불도그를 그렸다면 말이 제대로 통할 리 없다.

즉 알기 쉽게 말하려면 말하는 자신과 듣는 상대방의 머릿속 '그림'을 최대한 일치시켜야 하는데, 그러려면 얼마나 구체적이고 명쾌한 말로 설명하느냐가 관건이다.

의사의 말은 왜 어려울까?

말이 상대방에게 전해지지 않으면 말짱 도루묵이다. 그런데 대화 상대가 그림을 잘 그릴 수 있게 배려하는 사람은 그리 많지 않다.

"목수와 이야기를 나누려면 목수의 언어로 이야기하라."

고대 그리스 철학자 소크라테스가 남긴 말이다. 상대방에게 말할 때는 상대가 '그림'을 잘 그릴 수 있게 전해야 한다.

"말이 안 통한다"라는 말을 들으면 어떤 상황이 떠오르는가? 병원을 한번 상상해보자. 환자가 의사의 말을 듣고도 머릿속에 '그림'을 못 그리는 장면이 떠오르지 않는가?

일본에는 일본어 조사 및 연구를 진행하는 일본 국립국어연구소라는 기관이 있다.

일본 국립국어연구소의 '병원의 말 위원회'가 '알기 쉬운 병원 말을 위한 제안'을 내놓았다. 말 그대로 의사가 사용하는 단어를 환자가 이해하지 못하는 경우가 많아 환자와 의사 간 의사소통이 원활히 이루어지지 않고 있다는 문제의식을 담고 있다.

다음 세 가지 단어는 의사가 환자에게 병세를 설명할 때 자주 쓰는 말이다. 당신이 환자라면 머릿속에 '그림'이 그려지는가?

의사에게 설명을 듣는 상황을 상상해보자(한자를 적으면 의미를 추측할 수 있으니 한글로만 표기한다).

❶ '오연'에 의한 폐렴입니다.

❷ 암이 '침윤'해 있어요.

❸ 증상의 '중독'화를 막아야 합니다.

어떤가?

'그림'이 잘 그려지는가?

난생처음 듣는 말이라면 그림이 잘 그려지지 않았을

것이다.

알아두면 도움이 될지도 모르니 해설을 덧붙인다.

병원의 말 ① 오연誤嚥

오연이란 섭취한 음식물이 식도가 아닌 기도로 잘못 들어간 상태를 말한다.

병원의 말 위원회의 조사에 따르면 환자에게 '오연'이라는 단어를 사용해 설명하는 의사는 82.4%에 달했다. 반면에 '오연'의 뜻을 아는 일반인은 50.7%에 불과했다. '오연'을 발음이 비슷한 '오음誤飮(이물질을 잘못 삼킴)'과 혼동하는 사람도 많다고 한다.

병원의 말 위원회는 '오연의 위험이 크다'라는 표현을 '음식물이 기도로 들어갈 위험이 있다'로, '오연하기 쉬운 음식'을 '기도로 잘못 들어가기 쉬운 음식'으로 바꾸면 환자가 한결 이해하기 쉬울 것이라고 제안했다. 참고로 '삼키는 행동'을 뜻하는 '연하嚥下'라는 단어도 의사가 환자에게 설명할 때 자주 쓰는 어려운 말 중 하나다.

병원의 말 ② 침윤浸潤

침윤이란 암이 직접 인접한 장기로 번지는 현상을 말한다. 마치 물이 서서히 스며들듯 암세포가 발생 부위에서 인접한 장기로 퍼진다.

병원의 말 위원회의 조사에 따르면 적지 않은 의사가 환자에게 설명할 때 '침윤'이라는 단어를 사용했다. 하지만 '침윤'의 뜻을 아는 일반인은 41.4%에 불과했다. 암세포가 먼 곳으로 이동하여 성장한다는 뜻의 '전이轉移'라는 말도 있는데, 병원의 말 위원회는 그림을 활용하면 '침윤'과 '전이'에 대한 설명이 훨씬 쉬워질 것이라고 제안했다.

병원의 말 ③ 중독重篤

중독이란 병세가 무척 위중한 상태를 뜻한다.

병원의 말 위원회의 조사에 따르면 환자에게 '중독'이라는 단어를 사용해 설명하는 의사의 비율은 65.7%에 달했다. 반면에 '중독'의 뜻을 아는 일반인은 50.3%에 불과했다.

병원의 말 위원회는 '중독'이라는 말 대신 '무척 위중하고 생명에 지장을 줄 수 있는 상태' 등으로 바꿔 설명하면 환자가 한결 이해하기 쉬울 것이라고 제안했다.

  일본 국립국어연구소의 언어위원회에서는 환자가 의사의 말을 어려워하는 이유 중 하나로 단어 자체가 생소하다는 점을 꼽았다. 상대방이 이해하지 못하는 단어로 나누는 대화는 일방통행식 의사소통이나 다름없다.

  앞서 언급한 소크라테스의 말을 빌리자면 "환자와 이야기를 나누려면 환자가 아는 단어를 사용하라"인 셈이다. 소크라테스가 살았던 시기는 기원전 470년에서 400년경이다. 그로부터 2,400년이 흘렀지만 여전히 우리는 의사소통으로 고민하고 있으니 참으로 불가사의하다.

  말로만 전하려고 하지 마라

  나는 한때 라디오 방송을 진행했다. 라디오 방송을 진

행하면서 올바르게 전하는 일이 얼마나 어려운가를 여실히 느꼈다.

특정 내용을 전달할 때, 텔레비전에서는 "이곳을 봐주시기 바랍니다"라고 말한 뒤 화면에 내용을 비추면 쉽게 시청자에게 전달되지만 라디오에서는 목소리로만 내용을 전한다. 무엇이든 말로 전해야 한다. 연필이나 축구공처럼 공통된 심상이 있는 사물은 비교적 전달하기 수월하지만 예술이나 개념처럼 형태가 없다면 이야기가 달라진다. 어떤 특징을 전해야 청취자가 머릿속에 '그림'을 잘 그릴 수 있을지 고민해야 한다.

라디오 방송에서 스위스 제네바에 있는 '대형강입자충돌기^{LHC}'를 다뤘을 때의 일이다.

LHC란 유럽원자핵공동연구소^{CERN}가 고에너지 물리실험을 하기 위해 건립한 세계 최대의 충돌형 원형 입자가속기인데, 게스트로 나온 전문가가 "우주선이 날아온다"라는 말을 몇 번 되풀이했다.

"우주선이 날아온다."

여러분은 이 말을 들으면 무슨 장면이 떠오르는가?

우주를 떠다니는 '우주선宇宙船', 즉 인공위성이나 로켓 따위를 가리키는 말이 아니다.

우주 공간을 비행하는 고에너지 방사선, 즉 '우주선宇宙線'을 가리키는 말이다.

나는 '우주선'이라는 말이 세 번 나왔을 때 청취자가 오인할 수도 있겠다고 판단해 다음과 같은 설명을 덧붙였다.

"우주선은 비행 물체를 말하는 게 아닙니다. 우주에서 들어오는 방사선이라는 뜻입니다."

비전문가가 생소한 단어를 단번에 알아들을 수는 없다. **어떤 내용을 전할 때 말에만 의지한다면 아찔한 일이 벌어질지 모른다.**

고학력자가 범하기 쉬운 실수

앞서 살펴보았듯, 대화 상대의 머릿속에 빠르고 정확

하게 그림을 그려주는 것이 알기 쉽게 말하는 비결이다. 그렇다면 어떻게 해야 상대방의 머릿속에 그림을 쉽게 그릴 수 있을까? 단어 선택이 무엇보다 중요하다.

내가 교장으로 있는 일본의 인터내셔널 스쿨에서 있었던 일이다.

한 교실 문에 종이 한 장이 붙어 있었다.

'1학년은 8월 30일까지 유충 스케치 해올 것!'

당시 과학 선생님은 박사학위를 딴 유능한 선생님이었다. 하지만 초등학생을 대상으로 한 수업 경험은 그리 많지 않았다.

무당벌레 애벌레의 성장과정을 그려오는 숙제를 깜빡 잊고 안 해오는 학생이 많아서 종이를 붙였다고 했다.

그런데 나는 이 종이를 보고 '아차' 싶었다.

그리고 과학 선생님에게 물었다.

"1학년한테 '유충 스케치'라는 말은 어렵지 않나요?"

"'유충 스케치'라니요……. 앗!"

선생님도 무심코 쓴 이 말은 초등학교 1학년에게는 무용지물이었다.

영어를 모르는 사람에게 영어로 된 주의사항을 보여주는 격이었다.

이 일화는 웃자고 꺼낸 이야기지만 우리는 '듣는 상대가 누군지'를 간과하는 경우가 꽤 많다. 여러분도 떠오르는 일이 하나쯤은 있지 않은가?

피카소처럼 추상적인 상사의 지시

이번에는 입장을 바꿔보자.

"되도록 빨리 부탁해!"

상사가 이렇게 업무를 지시했다고 치자. 당신은 이 업무를 언제 할 텐가?

지금 바로?

몇 시간 뒤?

내일?

여기에서 주목해야 할 점은 상사가 이야기한 '되도록 빨리'라는 말이다.

이렇게 추상적인 말은 특히 조심해야 한다. 지금 바로 완성하면 업무 평가를 더 잘 받을지도 모른다. 하지만 급히 처리해야 하는 다른 업무가 있으면 상사가 지시한 일을 바로 시작하기가 곤란하다. 이럴 때는 상사의 '되도록 빨리'라는 말을 어떻게 해석해야 할지 고민스럽다.

'되도록'이라고 했으니 조금 늦어도 괜찮을 것이라고 판단해 뒤로 미루면 몇 시간 뒤 상사에게 "아직도 안 됐어? 빨리 달라고 했잖아!" 하고 잔소리를 들을지도 모른다. 상사는 당신에게 제대로 전달했다고 생각하고 있을 테니 말이다. 하지만 사실 당신에게는 지시가 제대로 전달되지 않았다.

잘못은 상사에게 있을까?

아니면 당신에게 있을까?

만일 상사가 '되도록 빨리'라는 말 대신 "급한 건이니까 세 시간 안에 부탁해" 또는 "내일 아침까지 줘도 돼"라고 명확히 지시했다면 당신이 억울하게 혼날 일은 없었을지 모른다.

또는 당신이 "저녁때까지 드려도 될까요?" 하고 거듭

확인했으면 이야기는 달라졌을지 모른다.

　이렇듯 전달을 하거나 전달을 받을 때는 특히 주의를 기울여야 한다.

　미술 지식이 부족하면 추상화를 이해하기 힘들다. 이와 마찬가지로 **상대방의 머릿속에 추상화를 그리면 명쾌하게 전달되기 힘들다.**

명쾌하게 말하는 포인트는 '타자 의식'

　상사, 부하, 동료, 친구, 부부. 많은 사람이 일상에서 의사소통을 필요로 한다. 말과 문장으로 자기 생각을 전하면 의사소통은 훨씬 수월하다.

　내 생각을 상대가 잘 이해할 수 있게 전하려면 상대의 머릿속에 그림을 잘 그려주어야 한다.

　그렇다면 어떻게 해야 그림을 잘 그려줄 수 있을까?

　혹시 '내가 하는 말은 상대에게 정확히 전해진다'고 확신하고 있지 않은가?

그런데 이런 생각은 위험하다.

'내 말은 전해진다'고 생각하며 상대를 대하면 자기 특유의 화법이 튀어나온다.

자신에게 익숙한 단어를 사용하고, 자신이 말하기 편한 순서대로 말하는 등 자신 위주로 이야기한다. 그리고 상대방이 자신의 말을 잘 알아듣지 못하면 "왜 내 말을 이해 못하는 거야!" 하고 버럭 화를 내기도 한다.

반대로 내 말이 전해지지 않을 수도 있다고 생각하면 상대의 얼굴을 떠올리며 어떻게 전하면 좋을지 고민하게 된다.

친구가 당신에게 "가게 위치 좀 알려줘"라고 부탁했다면 오는 길을 설명할 수 있겠는가? 먼저 자신의 머릿속에 '가게로 오는 지도'를 그린 다음 친구에게 설명할 것이다. 길거리 풍경은 똑같지만 사람에 따라 주목하는 점은 다르다.

가게로 오는 길을 설명하려면 자신의 '지도'를 활용해 상대의 머릿속에 '지도'를 그려주어야 한다.

무엇을 기준으로 삼을까? 어떤 순서로 설명할까?

상대방의 얼굴을 떠올리면 알기 쉽게 설명하는 데 도움이 된다.

이를 흔히 '**타자 의식**'이라고 한다.

'타자를 의식한다', 즉 '전달받는 상대'가 명확하면 어떤 단어를 사용해 어떻게 말하면 좋을지를 고민하게 된다.

'상대방 의식하기'는 알기 쉽게 말하는 첫걸음이다.

쉬운 말을 쓴다고 좋은 것은 아니다

지금까지 대화 상대에게 내 생각을 쏙쏙 이해시켜주려면 상대방의 머릿속에 '그림'을 잘 그려주어야 한다고 설명했다.

타자 의식을 지니면 상대에게 이해하기 쉬운 그림을 그려줄 방법이 자연스레 보인다. 상대가 그림을 잘 그릴 수 있게 도울 수도 있다.

어떻게 도울 수 있다는 말일까? 상대가 그림을 잘 그릴 수 있게 도와주려면 상대의 머릿속에 있는 말, 즉 상대가 아는 단어로 전해야 한다. 상대방의 머릿속에 없는 단어를 사용하는 순간 상대방의 머릿속은 분주해진다.

초등학교에서 배우는 쉬운 단어를 '어린이말'이라고 치자. 어린이말은 아는 사람이 많고 난이도도 낮다.

그러면 무엇이든 어린이말로 전하면 될까? 꼭 그렇지만은 않다. 대화의 목적은 상대의 머릿속에 '그림'을 그려주는 것이다. 어린이말보다 어려운 전문용어를 사용할 때 빨리 이해하는 사람도 있다.

'상대가 평소 사용하는 단어=상대의 머릿속에 있는 단어'이니 알기 쉬운 단어는 사람에 따라 천차만별, 각양각색이다. 전문용어를 자주 쓰는 사람이 있는가 하면 유행어를 습관처럼 입에 올리는 사람도 있다. 어떤 사람은 애니메이션 대사를 자주 쓸지도 모른다.

즉 상대방에 따라 단어 선택을 달리 해야 한다. **알기 쉽게 말하려면 '상대방이 이해하기 쉬운 단어'를 사용해야 한다**는 점을 명심하자.

아이의 "왜?"에 답할 수 있는가?

그렇다면 여기에서 질문 하나.

꼬마 아이가 당신에게 "달은 왜 모양이 바뀌어요?" 하고 물으면 어떻게 대답할 텐가?

달은 늘 표면의 절반만 태양빛에 반사되어 빛난다.

빛나는 면이 지구를 향하면 보름달이고, 빛나지 않는 면이 지구를 향하면 삭월이다. 초승달과 반달은 보름달과 삭월 사이에 있다.

그런데 이렇게 설명하면 과연 아이가 이해할 수 있을까?

애당초 지구, 태양, 달의 위치도 모를 것이다.

그렇다면 어떻게 설명하면 좋을까?

'백문이 불여일견'이라는 말이 있다.

이럴 때는 그림을 보여주면 된다.

달의 모양이 변하는 원리를 모형이나 일러스트로 보여주자.

상대가 꼭 어린이가 아니더라도 **머릿속에 '그림'을 그릴 재료가 없으면 아무리 설명을 들어도 이해하지 못한다.**

달과 태양의 관계

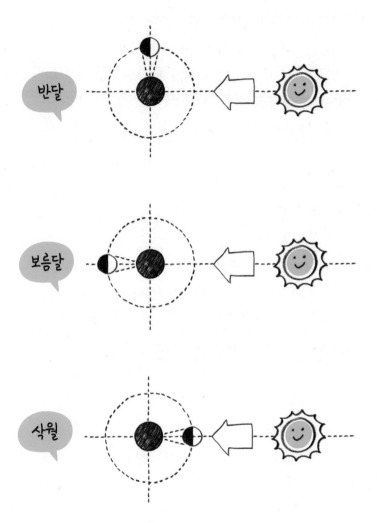

※지구에서 봤을 때 빛나는 면이 지구를 향하면 보름달이 되고,
빛나지 않는 면이 지구를 향하면 삭월이다. 초승달과 반달은 보름달과 삭월 사이에 있다.

그럴 때는 설명 방법을 바꿔야 한다.

나는 강연할 때 일러스트를 활용한다.

일러스트를 활용하면 명확하게 전할 수 있고 역동성이 있어 강연장의 분위기도 달아오른다. '말하면 어떻게든 상대에게 전해진다'는 생각은 일단 버리자.

명쾌한 설명은 픽토그램에서 배워라

이미지로 내용을 전달하는 사례 중 가장 쉽게 찾아볼 수 있는 예가 바로 픽토그램pictogram이다.

일본 각 정부 부처에서 2020년 도쿄 올림픽 준비가 한창이다. 전 세계의 관광객을 맞이하기 위해 숙박시설 및 교통 인프라 정비도 시작했다.

지난 리우 올림픽 및 장애인 올림픽 때는 개최 기간에 전 세계에서 43만 명이 넘는 외국인 관광객이 리우데자네이루시를 방문했다고 한다. 일본 정부는 이 숫자를 뛰어넘는 관광객이 도쿄 올림픽 때 도쿄를 방문할 것으로 예상하고 있다.

이런 와중에 올림픽 준비의 일환으로 픽토그램을 개정하려는 움직임이 일고 있다.

픽토그램이란 비상구, 화장실, 레스토랑, 안내소와 같은 장소를 나타내는 그림 기호를 말한다. 모두 한 번쯤 본 적이 있을 것이다.

일본에서는 1964년 도쿄 올림픽 때부터 본격적으로 픽토그램을 사용했다. 세계 각국에서 일본을 찾은 외국인 관광객이 일본어를 몰라도 불편함 없이 다닐 수 있도록 공공시설에 설치했다.

1964년 도쿄 올림픽의 픽토그램은 전 세계에서 호평받으며 일본 국내에 널리 퍼졌다. 2017년 2월 현재 표준적인 도안 140여 종이 일본공업규격[JIS]으로 등록되어 있다.

그런데 국제 표준 픽토그램과 일본에서 쓰는 픽토그램의 디자인이 달라 외국인에게 그 뜻이 제대로 전달되지 않을 가능성이 있다는 주장이 제기된다.

대표적인 예가 온천 마크다.

국제 규격과 일본 규격이 서로 다른 경우

	렌터카	ATM	온천
일본 규격 (JIS)			
국제 규격 (ISO)			

일본인에게는 친숙한 표시지만 외국인 관광객에게는 '따뜻한 음식을 파는 가게'로 보일 법하다. 그래서 국제적인 기준에 따라 목욕하는 사람을 추가로 그려 넣는 방안을 검토하고 있는데, 오히려 일본인이 알아보지 못할 수도 있다는 우려의 목소리도 있다. 이렇듯 명쾌함의 기준을 하나로만 단정할 수는 없다.

또한 시대의 흐름에 발맞춰 무선 LAN, 기도실Prayer Room 픽토그램도 추가될 예정이다.

픽토그램과 더불어 '인포그래픽infographics'도 최근 주목받고 있다.

인포그래픽이란 정보, 데이터, 지식을 이해하기 쉽게 일러스트와 그래프로 시각화한 그림을 말한다. 메시지를 잘 살린 디자인과 응축된 정보가 머리에 쏙쏙 들어와 자주 활용되고 있다.

이런 사례를 보면 세상이 얼마나 명쾌함을 추구하고 머릿속에 끊임없이 그림을 그려주려 하는지 알 수 있다.

2장

머릿속 생각이
술술 풀리는
교양인의 말기술 10

뜬금없는 질문 하나

이야기를 알기 쉽게 전하려면 앞서 살펴보았듯 '상대방의 머릿속에 그림을 잘 그려주어야' 한다.

그러려면 상대에게 이야기할 때 상대가 그림을 잘 그릴 수 있는 말을 사용해야 한다.

머릿속에 당신이 의도한 바와 일치하는 그림이 그려질 때 상대는 비로소 '아하!' 하고 느낀다. 여기까지가 앞 장에서 전한 내용이다.

그렇다면 한발 더 나아가서, 실제 대화 장면을 예로 들어 '알기 쉽게 말하는 기술'을 소개한다. 텔레비전 방송에 해설자로 출연할 때나 강연을 할 때 내가 자주 사용하는 노하우이니 효과는 보장한다.

'인공지능^{AI}'에 관한 소식이 최근 몇 년간 계속 들린다.

당신은 인공지능을 제대로 이해하고 있는가?

제3자에게 인공지능이 무엇인지 명쾌하게 설명할 수 있는가?

만약 누군가가 당신에게 "인공지능이 뭔지 알기 쉽게 설명 좀 해줘"라고 말한다면 어떻게 설명할 텐가?

교양바보라면 아마도 이렇게 대답할 것이다.

"인공지능 설명쯤이야 식은 죽 먹기죠."

그런 다음 의기양양하게 '뉴럴 네트워크$^{neural\ network}$'나 '딥 러닝$^{deep\ learning}$' 이야기를 꺼낼지도 모른다.

하지만 느닷없이 전문용어를 꺼내 들면 전문가가 아닌 이상 단번에 이해하기는 힘들다.

그렇다고 해서 뉴스에 나오는 내용만 가지고는 인공지능이 무엇인지 충분한 설명이 되지 않는다. 다음과 같이 말한다고 생각해보자.

구글 딥마인드DeepMind가 개발한 컴퓨터 바둑 프로그램이 프로 바둑 기사를 이겼어요.

최근에는 인공지능이 내장된 가전기기도 속속 출시되고 있지요.

"당근과 돼지고기로 뭘 만들 수 있지?"

"메인 요리 크림스튜에 뭘 곁들이면 좋을까?"

인공지능이 내장된 오븐레인지에 이렇게 물어보면 그동안 식사한 이력과 계절을 바탕으로 "이 요리는 어떨까요?" 하고 레시피를 제안해주기도 해요. 이런 게 바로 인공지능이랍니다!

'인공지능'이 무엇인지 대략적인 이미지가 전해지는 듯도 하다. 하지만 '인공지능이란 무엇인가'에 대한 답은 아니다.

내가 텔레비전 방송의 해설자로서 시청자에게 '인공지능'을 알기 쉽게 설명해야 한다면 전문적인 설명은 간략히 하고 구체적인 사례를 충분히 들어 설명할 것이다.

아래와 같이 말이다.

인공지능은 스스로 마음껏 학습하게끔 프로그래밍이 된 컴퓨터

입니다. 인간처럼 공부하고 책을 읽으며 지식을 쌓고 답을 찾아내죠.★③

인공지능은 인간의 뇌와 유사하게 작동하지만, 인위적으로 만든 지능이기 때문에 세포와 혈관 대신 실리콘칩과 구리선으로 이루어져 있습니다.

그런데★① 인공지능이 발달하면 제4차 산업혁명★②이 일어날 것이라고들 합니다.

과거 산업혁명 때는 인간이 하던 육체노동을 기계가 대체하면서 인간의 생활이 한층 편리해졌습니다. 이와 마찬가지로 제4차 산업혁명이 일어나면 인간이 머리를 써가며 처리했던 일을 컴퓨터가 대신하게 되니 편리해질 것이라고 말하죠.

가령 관공서 및 회사의 업무 프로세스 관리, 서류 정리, 회계 등 규칙성이 있는 일은 컴퓨터가 대체하게 됩니다. 인간은 컴퓨터에 일을 맡기고 남는 시간을 창의적인 작업에 쓸 수 있게 되는 거죠.

우리의 삶이 편리해진다니까 마냥 좋을 것 같지만 일각에서는 우려를 표하기도 합니다.

바로 인공지능이 일자리를 빼앗을 것이라는 생각★② 때문이죠.

2015년 12월에 일본의 컨설팅 회사인 노무라종합연구소가 발표한 자료에 의하면 일본의 노동인구 중 약 49%가 향후 인공지능 및 로봇으로 대체될 가능성이 있다고 하더군요. 앞으로 인간과 로봇이 일자리를 두고 경쟁하는 시대가 올지도 모릅니다.

또한 인공지능이 발달을 거듭하면 인간이 인공지능 로봇을 제어하지 못하는 SF영화에서나 볼 법한 일이 일어날지도 모르죠.

<u>하지만</u>★① 전문가의 말을 빌리자면 '스스로 생각하고 행동하는 일'은 무척 창의적인 활동인데, 인공지능은 아직 그 수준에는 도달하지 못했다고 합니다. 오늘날의 인공지능과 로봇은 패턴화된 일만 할 줄 압니다.

이렇듯 인공지능은 여전히 개발 단계에 있는데요. 전문가들은 인공지능 알파고가 프로구단 기사를 이겼다는 사실에 놀랐다고 합니다. <u>왜냐하면</u>★① 바둑은 '인류가 만들어낸 가장 복잡한 게임'이라고 해도 좋을 만큼 상상력이 필요한 게임이기 때문이죠. 적어도 10년은 지나야 인공지능이 프로구단 기사를 꺾을 수 있지 않겠느냐는 견해가 지배적이었지만, 인공지능은 예상보다 훨씬 빨리 승리를 거머쥐어 모두를 놀라게 했습니다.

<u>가장 처음에 설명했듯이</u>★③ 인공지능은 스스로 마음껏 학습하게끔 프로그래밍이 된 컴퓨터입니다. 어쩌면 인공지능의 학습 속도가 눈

에 띄게 빨라져서 인간보다 더 빨리 진화하고 있는지도 모릅니다.

이런 설명은 어떤가?

머릿속에 인공지능이 무엇인지 명쾌하게 그림이 그려졌는가?

여기에서 주목해야 할 점은 설명 사이사이에 들어간 '★①~★③'이다.

앞으로 소개할 '알기 쉽게 말하는 기술' 10가지 중 실제 대화에 적용한 예시이기 때문이다.

그렇다면 '알기 쉽게 말하는 기술'이란 무엇일까? 지금부터 자세히 알아보자.

기술 1. 접속사를 사용해! 내용을 예측할 수 있도록

'예를 들면', '그러니까', '즉', '하지만'.

앞서 예로 든 인공지능 설명 중 '★①' 부분에 속하는 말이다.

이어주는 말, 이른바 '접속사'는 명쾌하게 말하는 데에 무척 중요한 수단이다.

　접속사가 왜 중요할까? 바로 뒤에 이어질 이야기와 문장이 어떤 내용인지 나타내는 신호, 즉 서두 역할을 하기 때문이다. '예를 들면'이라는 말 뒤에는 예문이나 비유가 이어진다. '그러니까' 뒤에는 결과나 결론이 나온다. '그리고', '게다가' 뒤에는 앞선 내용과 일맥상통하는 이야기가 이어진다. '즉' 뒤에는 앞선 내용을 정리하는 말이 나온다. '하지만', '반면에' 뒤에는 앞선 내용과 상반되는 이야기가 나온다.

　말을 하거나 글을 쓸 때 이어주는 말(접속사)은 상대방에게 신호를 주고, 상대방은 이를 토대로 뒤에 이어질 내용을 쉽게 예측할 수 있다.

　머릿속에 그림을 잘 그리려면 무엇보다 뒤에 어떤 이야기가 이어질지 예측할 수 있어야 한다.

　우리의 머리는 타인의 이야기를 들을 때 논리 모드로 전환된다. 이야기의 내용을 이해하고 말에 모순은 없는지 확인하기 위해서다.

'이어주는 말'은 뇌에 신호를 보내 뒤에 이어질 내용을 예측하도록 돕는다. 그러면 뇌는 '이야기를 받아들일 만발의 준비'를 하고 유심히 듣는다.

또한 이어주는 말과 다음 이야기 사이에 시간적 '틈'을 두면 효과적이다. 아주 잠깐의 틈(약 3초)을 두면 듣는 상대방이 생각을 전환할 준비를 하는 데 도움이 되기 때문이다.

기술 2. 낯선 소재를 사용해! 절로 호기심이 생기도록

'기술 1'에서는 상대방이 머릿속에 그림을 잘 그릴 수 있도록 '접속사를 활용하라'고 소개했다. 상대방에게 이야기를 계속하려면 일단은 상대방이 이야기에 흥미를 잃지 말아야 한다. 상대가 계속 이야기에 흥미를 갖게 하려면 **상대의 머릿속에 물음표를 띄우자.**

상대가 낯설게 느낄 만한 키워드를 의도적으로 이야기에 끼워 넣어보자.

'앗? 그게 뭐지?'

이야기를 듣던 상대가 놀라며 상체를 앞으로 내밀면 성공이다.

사람은 머릿속에 '물음표'가 생기면 본능적으로 의문을 해소하려고 한다.

앞서 살펴본 인공지능에 대한 설명에서는 '★②' 부분에 '제4차 산업혁명', '인공지능이 인간의 일자리를 빼앗는다'는 키워드를 일부러 넣었다.

일단 상대방의 머릿속에 물음표가 떠오르면 그다음은 쉽다. 상대방의 의문을 해소해줄 수 있는 이야기를 꺼내면 된다.

단 상대를 이해시키려면 명쾌한 답을 제시해서 상대의 물음표를 없애주어야 한다. 짜임새 좋은 이야기는 복선을 제대로 회수하기 때문에 명쾌한 법이다.

또한 상대방의 머릿속에 의문을 띄울 때는 상대에게 제시하는 물음표의 숫자에 주의하자. 물음표는 한 번에 하나만 제시해야 한다. 두 번째 물음표를 제시하기 전에 첫 번째 물음표를 해소하자. 물음표를 너무 많이 띄워 상대방의 머릿속이 물음표투성이가 되면 오히려 설명하기가 까다롭다. 과하게 깔린 복선을 모두 회수하지 못하면 이야기는 소화불량 상태처럼 거북해진다. 상대방이 듣다 못해 끝내 '도대체 무슨 얘길 하는 거야?' 하고 질릴지도 모른다.

기술 3. 문장은 짧게! 꼬인 문장은 머리 아파

'A'와 'B' 중 어느 문장이 이해가 잘 되는가?

A: 실리콘칩과 구리선이 인간의 뇌처럼 얽힌 인공지능은 스스로 마음껏 공부하도록 프로그래밍 되었기 때문에, 인간과 똑같이 책을 읽으며 지식을 쌓고 스스로 답을 도출합니다.

B: 인공지능은 스스로 마음껏 공부합니다. 그렇게 프로그래밍이 된 컴퓨터이기 때문이죠. 인간처럼 공부하고 책을 읽으며 지식을 쌓습니다. 그런 다음 스스로 답을 도출하죠. 인공지능은 인간의 뇌와 똑같이 작동하는데, 인공으로 만든 지능이기 때문에 세포

와 혈관 대신 실리콘칩과 구리선으로 이루어져 있습니다.

A와 B의 내용은 크게 다르지 않다.

하지만 A는 한 문장으로, B는 다섯 문장으로 이루어졌다.

말할 때와 글을 쓸 때 문장은 짧을수록 좋다.

짧은 문장은 주어와 술어의 거리가 가까워서 하고자 하는 말을 명쾌히 전할 수 있기 때문이다.

또한 짧은 문장은 리듬감이 좋아서 다음 문장으로 이어질 때 시간적인 '틈'을 두기가 좋다. 이야기를 듣는 상대방은 '틈'을 이용해 머릿속에 '그림'을 그린다. 한편 문장의 길이가 길면 이와는 반대의 일이 일어난다.

짧은 문장 이야기를 하다 보니 140자 글자 수 제한을 두고 있는 트위터Twitter가 떠오른다.

왜 하필 140자일까? 트위터 재팬의 대표인 곤도 마사아키 제임스近藤正晃ジェームス는 과거 인터뷰에서 그 유래를 언급한 바 있다.

트위터의 창업자 잭 도시Jack Dorsey는 일본의 '와비사비

わびさび' 정신을 다룬 책을 읽고 일본 특유의 검소한 미의식에 공감했다고 한다. 140자 글자 수 제한은 이런 경험에서 탄생했다.

참고로 모바일 문자메시지 서비스 SMS의 글자 수 제한이 160자가 된 데는 SMS의 창시자 프리트헬름 힐레브랜드Friedhelm Hillebrand의 연구가 큰 역할을 했다.

힐레브랜드는 실험을 거듭한 끝에 말뜻을 온전히 전하는 데 필요한 글자 수가 160자라는 사실을 알아냈다. 그 뒤 한 연구 기관이 엽서에 적힌 문장들의 글자 수를 연구했는데, 문장 대부분이 150자 이하라는 사실이 밝혀졌다.

텔레비전 방송에서 흔히 보는 자막 역시 길이가 짧다.

자막은 출연자가 하는 말과 정보를 보충하는 기능을 하는데, 요즘 텔레비전 방송에서는 소리 없이 화면만 봐도 내용을 이해할 수 있을 정도로 자막을 많이 쓴다.

자막 한 문장의 글자 수는 보통 15자 정도다. 여기에는 이유가 있는데, 글자 수가 많으면 시청자가 단번에 이해하지 못해 당혹감을 느끼기 때문이다. 인간이 2초 안에 인식할 수 있는 글자 수는 15자 정도라고 한다. 외국 영화의 자막 글자 수도 거의 비슷하다. 문장이 늘어지기 일쑤라면 트위터와 자막을 눈여겨보자.

기술 4. 요점은 3가지로! 명쾌한 캐치프레이즈와 함께

'기술 4'에서 전하고 싶은 내용은 다음 세 가지다.

❶ 많은 사람들이 '3'을 좋아한다.
❷ 요점은 세 가지로 압축하라.
❸ 요점에는 캐치프레이즈(구호)를 붙여라.

경관이 빼어난 일본의 명승지 세 곳을 일컫는 '일본 삼경日本三景', '세계 3대 미녀', '전국 3대 맛집', 특정 분야에서 뛰어난 세 사람을 일컫는 '고산케御三家', 행사나 연회가 무사히 끝났음을 축하하는 '박수 세 번三本締め' 등, **많은 사람들이 숫자 '3'을 무척 좋아한다.**

상대에게 전해야 할 요건이나 내용이 많을 때는 내용을 '세 가지'로 압축하면 한결 이해하기 쉽다. 누군가가 이야기를 시작하면서 "요점은 일곱 가지입니다!"라고 말하면 '그렇게 많아?'라는 생각이 들면서 듣고 싶은 마음이 싹 가신다.

그런데 "요점은 세 가지입니다!"라는 말을 들으면 이유는 잘 모르겠지만 한번 들어보고 싶은 마음이 드니 참 희한하다. '세 가지만 들으면 되는 거네' 하고 받아들일 준비를 할 수 있기 때문이 아닐까. 그러니 전하고 싶은 내용이 많더라도 세 가지로 정리하자.

또한 상대의 기억에 남도록 요점 세 가지에 각각 캐치프레이즈를 붙이자. 캐치프레이즈를 붙이면 이야기를 한층 수월하게 전할 수 있다.

명쾌하게 말하기로 유명한 일본의 저널리스트 이케가미 아키라池上彰는 누군가에게 이야기할 때 인수분해를 활용한다고 한다. 인수분해를 활용하는 방법은 다음과 같다.

❶ 이야기할 내용을 정한다.

❷ 그 안에서 공통되는 내용을 찾는다.

   (←이 단계가 인수분해)

❸ 공통되는 내용을 먼저 전한다.

　예를 들어 '일본의 18세 선거권', '미국의 총기 소지 규제', '영국의 EU 탈퇴'에 관해 말하려고 한다고 치자. 이세 가지 내용을 '정책'이라는 키워드로 묶어보자. 수식으로 표현하면 '정책=일본의 선거권+미국의 총기 소지 규제+영국의 외교'다.

　"오늘은 세계의 정책을 다뤄보려 합니다. 다룰 정책은 세 가지입니다. 일본의 18세 선거권, 미국의 총기 소지 규제, 마지막으로 EU를 탈퇴하는 영국의 외교 정책입니다."

　이렇듯 이야기를 시작하기 전에 내용을 인수분해해서 발견한 공통점을 상대에게 제시하면 듣는 입장에서는 이해하기가 한결 수월하다. 이케가미 아키라는 인수분해와 함께 '애당초', '예를 들면'과 같은 접속사도 활용하니, 명쾌하다고 호평을 듣는 이유를 알 것도 같다.

　미국의 대통령이었던 조지 W. 부시[George W. Bush]는 2002년 11월 백악관에서 열린 기자회견에서 이렇게 말했다.

　"고용 창출, 경제 성장, 국토방위. 우리가 직면한 최우선 과제는 이 두 가지입니다!"

　아니, 두 가지라니? 문장을 보면 틀림없이 세 가지다. 이런 불필요한 물음을 야기해서는 곤란하다. 숫자를 언급할 때는 틀리지 않도록 조심하자.

한 유명 정치인이 도민의 마음을 사로잡는 비결

　도쿄도지사 고이케 유리코[小池百合子]는 '명쾌한 발언'을 내세워 많은 지지를 받은 인물이다.

　도지사 선거에서는 자신을 추천하기를 거부한 자민당 도쿄도연합회를 저항 세력으로 지목했고, 단순 명확한 캐치프레이즈를 내걸고 매스미디어를 통해 대중에게 지지를 호소하는 '극장형 선거전'을 전개했다. 도지사로 취임한 뒤에도 '도민 퍼스트', '운동선수 퍼스트'와 같은 키워드를 비롯해 '쓰키지 시장의 도요스 이전 문제'와 관

런해 도쿄도의회가 제출한 검정 모자이크투성이 자료를
'김 도시락'이라고 야유하는 등 명쾌한 발언을 이어갔다.
 이런 캐치프레이즈는 통쾌하기까지 하다.
 캐치프레이즈는 특정 인물 또는 특정 사건을 응축한
말이다. 단적으로 표현하기 때문에 무척 알기 쉽다. 참고
로 다음 문구가 어떤 인물을 나타내는지 알겠는가?

• 인류 역사상 최고로 빠른 남자

• 영장류 최강 여자

• 음속의 귀공자

• 일식의 철인

• 천 년에 한 명 나올까 말까 한 미소녀

• 일본의 첫 여성 도지사

 정답은 위에서부터 각각 '우사인 볼트Usain Bolt', 런던 올
림픽 레슬링 여자 55킬로그램 급에서 금메달을 딴 '요시
다 사오리吉田沙保里', 브라질 출신의 자동차 경주 선수 '아
일톤 세나Ayrton Senna', 요리 연구가 '미치바 로쿠사부로道場

六三郎', 일본의 가수이자 영화배우 '하시모토 칸나橋本環奈',
일본 도쿄도지사 '고이케 유리코'다. 역시 특징을 잘 포
착한 문구는 인상에 쉽게 남는다.

기술 5. 결론은 가장 처음에! 주제를 파악할 수 있도록

뜬금없지만 눈앞에 갖가지 반찬이 곁들여진 도시락이
있다고 상상해보자.
당신은 가장 좋아하는 반찬부터 먹겠는가?
아니면 좋아하지 않는 반찬부터 먹겠는가?
고민스러운 질문이다. 무엇부터 먹을지는 아마도 반찬
의 상태가 얼마나 좋은지, 양은 얼마나 되는지, 배가 얼
마나 고픈지에 따라 달라지지 않을까? 나는 어릴 적 좋
아하는 반찬은 마지막까지 남겨두고 좋아하지 않는 반
찬부터 먹는 편이었는데, 먹다 보니 배가 불러서 좋아하
는 반찬을 남긴 적이 있다.
사실 알기 쉽게 말하는 기술에도 '중요한 반찬을 언제

먹으면 좋을까' 하는 문제가 따라다닌다. '대화법'을 주제로 다룬 책의 대부분이 '결론을 처음에 제시하라'고 말한다. 도시락에 빗대어 말하자면 가장 좋아하는 반찬을 제일 처음에 먹는 유형이다.

듣는 입장에서는 결론을 먼저 알면 이야기의 방향성을 파악할 수 있기 때문에 머릿속에서 전환하기가 수월하다. 앞의 인공지능 설명 예시문에서는 '★③'에 해당한다.

당신이 오셀로 게임을 처음 해보는 사람에게 게임 규칙을 알려준다고 생각해보자.

무엇부터 설명하겠는가?

• 흰 돌의 양 끝에 검정 돌을 놓으면 흰 돌로 바뀐다.
• 마지막에 돌의 숫자가 많은 쪽이 이긴다.
• 네 모서리가 중요하다.

난생처음 오셀로 게임을 하는 사람에게 '네 귀퉁이가 중요하다'는 점을 가장 먼저 알려주는 사람은 없을 것이다. 먼저 대략적인 규칙을 설명한 다음에 자세한 규칙과 전략을 설명하지 않을까. 장기도 '왕에 해당하는 장將을 가두는 게임'이라는 대략적인 규칙을 가장 먼저 설명하지, '마馬'의 움직임을 먼저 설명하는 사람은 없을 것이다.

이렇게 **결론을 콕 집어 제시하면 이야기 전달이 빠르다.** 물론 결론에 이르기까지 여러 단계를 거쳐야 한다면 순서대로 설명해야 이해하기 쉬울 것이다.

하지만 내용이 복잡하면 상대가 마지막까지 자신의 이야기를 귀 기울여 듣는다는 보장이 없다. 이야기를 듣다가 흥미를 잃을지도 모른다. 상대방이 질릴까 봐 걱정스럽다면 결론부터 제시해 흥미를 유발하자. 단순하고 알기 쉬운 그림 교본은 설명이 명쾌하면서도 다 그리고 보면 그럴싸해 놀랍기까지 하다.

상대에게 그림을 그릴 능력이 있는지는 당신이 판단해야 한다.

어떻게 하면 내 머릿속에 있는 완성된 그림을 상대에게 그려줄 수 있을까? 상대가 머릿속에 그린 그림이 내가 생각한 그림과 전혀 딴판이라면 아무것도 전해지지 않았다는 뜻이다.

신문으로 매일 명쾌함 연마하기

신문 기사에는 본문으로 들어가기에 앞서 '리드'라고 불리는 첫 문장이 있다.

리드에는 기사의 요점이 짤막하게 정리되어 있다. 기사의 결론인 셈이다.

그래서 기사를 다 읽을 시간이 없을 때는 기사의 리드만 읽어 대략적인 내용을 파악하기도 한다. 독자는 먼저 리드를 통해 머릿속에 그릴 '그림'의 방향성을 파악하고 대략적인 구도를 잡는다. 그런 다음 본문을 읽으면 그림을 그리기 수월할 뿐만 아니라 세부적인 점까지 신경 써가며 그림을 완성할 수 있다.

텔레비전 뉴스에도 리드가 있다. '어디에서 어떤 사건이 있었다'고 개요를 설명한 다음 상세한 내용을 전한다.

개그에도 테마를 전달하는 리드가 있다. 코미디언이 자신의 에피소드를 이야기할 때를 떠올려보자.

"얼마 전에 미국에 갔을 때 이야기인데요."

"이건 우리 엄마 이야기인데요."

리드만 있으면 머릿속에 밑그림이 그려진다.

피아노 잘 치는 의외의 비결

좀처럼 결론에 도달하지 못하고 에둘러서 이야기하는 사람을 보면 나는 괴로웠던 피아노 레슨이 떠오른다.

피아노 레슨에는 특유의 교육 방법이 있는데, 바로 누구나 연습곡으로 바이엘과 체르니를 친다는 점이다. 바이엘이 끝나면 체르니 100번을 치고, 그다음에는 체르니 30번을 친다.

그런데 단순히 취미로 피아노를 배우려는 대다수 학생에게 이 연습이 정말로 유의미한지 의문스럽다.

애당초 피아노를 배우는 계기가 된 곡이 있었을 것이다. 베토벤, 모차르트, 쇼팽 혹은 팝이나 재즈일지도 모른다. 그런데 오래전부터 이어져온 특유의 레슨 방법은 학생이 치고 싶은 곡을 연습하는 대신 기초 연습에 중점을 둔다. 베토벤의 〈월광Mondschein〉을 치고 싶어서 피아노를 배우기 시작했는데 매일 단조로운 연습곡만 반복한다. 피아노가 싫어질 만도 하다.

처음부터 연주하고 싶은 곡을 연습하면 효과적이지 않을까? 물론 처음부터 원곡을 치지는 못할 테니 쉬운 악보로 연습을 시작해도 좋을 것이다.

또는 체르니 30번을 연습할 때도 사전에 이 곡을 연습하는 이유를 알면 훨씬 적극적이고 의욕적으로 연습에 임할 수 있지 않을까.

"베토벤의 〈월광〉을 원곡 그대로 치려면 먼저 체르니를 열심히 연습합시다."

이런 말을 들으면 의욕이 샘솟을 것이다.

이렇게 피아노와 같은 기술을 배우고 연습할 때도 이야기를 어떻게 전하느냐가 중요하다.

처음에 결론을 명확히 밝히면 성과는 눈에 띄게 달라진다.

기술 6. 다각도로 설명해! 이분법은 독약이야

"Yes인가 No인가?"

"A인가 B인가?"

선택지가 두 개인 데다 직관적이기 때문에 텔레비전 방송에서 자주 볼 수 있는 표현 방법이다. 이분법이라고 한다.

"아베노믹스는 성공했을까요, 실패했을까요?"

"북한과 대화해야 할까요? 아니면 북한에 강경한 태도를 보여야 할까요?"

그런데 이분법은 이렇게 단순 명료하기 때문에 더욱 조심해야 한다.

두 개의 선택지는 자극적일 때가 많고 이야기 초반에 제시되는 경우가 대부분이다. 그런데 선택지가 두 개뿐이라서 단편적인 사실을 예로 들어야 한다. 그러면 잘못된 정보를 줄 가능성이 있다.

어떤 일이든 다양한 측면이 있다. 그러니 다각도에서 설명해야 상대방이 정확하게 이해할 수 있다.

가령 아베노믹스에 관한 뉴스를 다룬다고 생각해보자.

"아베노믹스는 성공했을까요, 실패했을까요?"

이 두 가지 관점 중 어느 한쪽의 입장을 취했다고 치자.

먼저 주가 측면에서 보자. 아베가 총리로 갓 취임했을 때 일본 경제 평균 주가는 1만 엔 정도였다.

취임 후 주가는 계속 올라 한때 2만 엔을 웃돌기도 했다. 2016년 12월의 주가는 1만 9,000엔 정도였다.

과연 일본의 아베노믹스는 성공했을까, 실패했을까?

아베노믹스를 성공으로 보는 사람은 1만 엔이었던 일본 경제의 평균 주가가 1만 9,000엔까지 오른 점을 높이 살 것이다. 실패로 보는 사람은 2만 엔을 유지하지 못한 점을 비판할 것이다.

그런데 아베노믹스의 취지를 생각해보자.

아베노믹스는 국민의 생활을 윤택하게 만들고자 하는 취지에서 디플레이션을 벗어나기 위해 시행된 경제 정책이다.

정책의 취지를 생각해보면 평가해야 할 점은 주가뿐만이 아니다. 디플레이션에서 벗어났는지, 근로자의 월급이 올랐는지도 살펴야 마땅하다. 또한 개인소비, 실업률, 나라의 부채와도 연관이 있다.

이렇듯 경제라는 측면만 고려해도 다양한 입장이 있다. 그런데 '성공인가 실패인가'를 일률적으로 평가할 수 있을까? 지금 당장 쉽게 생각하려고만 하지 말고, 의식적으로 다각도에서 문제를 살펴야 한다.

기술 7. 1분에 300자로! 최적의 말하기 속도야

상대방에게 말할 때는 억양을 의식해야 한다.

이야기가 같은 어조, 같은 속도로 이어지면 듣는 입장에서는 지루할 수밖에 없다. 감정 기복이 없기 때문이다. 1분 만에 질려버릴지도 모른다. 말할 때 기복이 있어야 듣는 입장에서 흥미진진하다. 나 역시 1분 주기로 말하는 속도를 바꾸고 웃음을 유도하는 등 의식적으로 말의 강약을 조절한다.

아나운서는 전달의 고수다. 아나운서의 말은 차분하고

듣기 좋으며 신뢰감이 느껴진다.

일본 공영방송인 NHK의 전 아나운서이자 현재 스피치 컨설턴트로 활동하고 있는 야노 카오리^{矢野香}는 저서 《NHK식+심리학, 1분 만에 평생 가는 신뢰 얻는 법^{NHK式 +心理学, 一分で一生の信頼を勝ち取る法}》에서 "NHK에서는 상대에게 잘 전할 수 있는 가장 이상적인 속도를 1분에 300자라고 본다"고 언급했다. 이 점은 아나운서뿐만 아니라 원고를 쓰는 기자와 영상을 다루는 디렉터도 모두 의식하고 있다고 한다.

그러고 보면 뉴스는 확실히 알아듣기가 쉽다. 평소에 말이 빠른 편에 속한다면 1분에 300자로 말하는 속도를 따라 해보면 어떨까?

단 아나운서 훈련을 받아본 적 없는 사람이 1분에 300자 속도로 말하려면 익숙해지는 데 시간이 걸린다.

일본의 유명 텔레비전 홈쇼핑 방송 '자파넷 타카타^{Japanet Takata}'의 창업자 다카다 아키라^{高田明}는 방송에 출연해서 1분 동안 537자를 말했다고 한다.

NHK 아나운서와 비교하면 두 배 가까이 빠른 속도다.

하지만 다카다 아키라의 말은 알아듣는 데에 지장이 없고 오히려 구매 의욕을 불러일으킨다. NHK와 자파넷의 사례는 **저마다 최적의 말의 속도가 있다**는 것을 알려준다. 당신에게 맞는 최적의 속도가 무엇인지, 주위 반응을 살피며 '조금 더 천천히 말해볼까?' 또는 '조금 더 목소리 톤을 높여 유쾌하게 말해보자' 하고 고민해보자.

기술 8. 리허설을 해봐! 가상의 상대방과 대화를 연습해

지금까지 소개한 기술을 총동원해도 '그 자리에서 알기 쉽게' 설명하기란 쉬운 일이 아니다.

그래서 나는 텔레비전 방송에 출연할 때, 본방송에 들어가기 전에 캐치볼을 하며 리허설을 한다. 물론 진짜 캐치볼을 하지는 않는다. **말로 캐치볼을 한다**는 뜻이다.

방송의 해설자는 방송에서 언급되는 단어를 시청자가 이해하기 쉽게 설명하는 역할을 한다. 과학 작가인 나는 주로 이과 계통의 단어를 설명한다. 매스컴 종사자 중

상당수가 문과 계통 출신이기 때문에, 나는 문과 계통이 다루기 힘든 '과학' 또는 '우주'에 대해 알기 쉽게 해설해 달라는 요청을 자주 받는다.

한창 개발 단계에 있는 우주선에 일본 업체의 탄소섬유가 쓰였다는 뉴스를 해설했을 때의 일이다. 방송 스태프(S)와 나(I)는 사전에 협의하면서 다음과 같은 이야기를 주고받았다.

S : 탄소섬유가 뭔가요?

I : 탄소섬유는 매우 가볍고 내구성이 좋은 소재예요. 카본 파이버 carbon fiber라고도 합니다.

S : 내구성이 좋은 이유가 뭔가요? 탄소로 만든 거죠?

I : 다이아몬드도 탄소입니다. 다이아몬드는 굉장히 단단하죠. 무거운 다이아몬드를 섬유 상태로 만들어 무게를 줄인 겁니다. 철보다 강하고 알루미늄보다 가볍다고 생각하시면 좋습니다.

S : 그렇군요!

스태프가 시청자를 대표한다고 생각하고 말을 주고받

으면서 어떤 점을 궁금해 하고 어떤 점에 의문을 품는지를 확인했다.

> S: 그러고 보니 카본은 테니스 라켓을 만드는 데도 쓰지 않나요?
> I: 맞아요! 요즘은 골프채나 비행기에도 쓰입니다.
> S: 예를 드니 알기 쉽네요!

스태프의 말을 듣고서 생활에 밀접한 예를 들면 내용을 전달하기가 한결 수월하다는 점을 깨달았다. 내가 탄소섬유에 관해 최종적으로 전해야 하는 상대는 시청자다. 그런데 시청자는 스튜디오에서 보이지 않는다. 그래서 스태프라는 가상의 시청자를 통해 내 이야기를 들을 시청자를 상상한다.

한편 방송을 해설하면서 조심해야 할 행동이 있다. 바로 가르치려 드는 듯한 발언이다.

지인의 말을 들어보니 텔레비전을 보다가 "잘난 척은!" 하고 화가 나 채널을 돌릴 때가 간혹 있다고 한다. 무언가를 설명할 때는 상대가 어떤 사람인지, 어떤 점을 바라는지 반드시 염두에 두어야 한다.

기술 9. 커닝 페이퍼를 써봐! 복잡한 내용이 한눈에 보여

머릿속으로만 생각하는 데는 한계가 있다.

생각에 한계를 느낄 때는 머릿속을 '외부'에 꺼내놓자. 머릿속에 든 생각을 종이나 노트에 적어보자. 그러면 머릿속이 놀라우리만큼 깨끗이 정리된다.

나는 한때 프로그래밍을 한 적이 있다. 컴퓨터 프로그래밍을 할 때는 설계도를 그린다. '예스'이면 이쪽으로, '노'이면 저쪽으로 플로차트에서 순서를 도식화해 나간다. 이를 종이 위에서 그리면 전체 광경이 눈에 들어온다.

내용이 복잡해지면 머릿속으로 정리하는 데에 한계가 있다. **한계에 이르렀을 때 종이에 적어보면 무엇이 중요한지, 어떤 순서가 좋을지 한결 수월하게 구상할 수 있다.**

사람들 앞에서 이야기할 때 '커닝 페이퍼'를 활용할 수도 있다.

　이른바 '커닝 페이퍼'는 자신만 보기 때문에 쓰는 방법이 각양각색이다. 적을 수 있는 내용을 모두 적는 사람이 있는가 하면 번호를 매겨 정리하는 사람도 있고 간결하게 키워드만 적는 사람도 있다.

　그런데 글로 적으면 예상치 못한 상황이 벌어졌을 때 참고하기 힘들고 무엇보다 이야기가 단조로워진다. 그래서 나는 커닝 페이퍼에 '그림'을 그려보기를 추천한다. 오른쪽에 나오는 것처럼 말이다.

　커닝 페이퍼를 만든 계기는 라디오 생방송이었다.

　먼저 뉴스가 나온 뒤에 내가 논평을 덧붙이는 라디오 방송에 출연할 때였다. 1분에서 2분이라는 짧은 시간 안에 내 견해를 밝히고 용어를 해설하며 정보를 보충해야 했다. 뉴스로 다룰 내용이 확정되어야 코멘트 내용을 생각할 수 있는데, 뉴스 내용이 늦게 정해져서 코멘트 내용도 생방송 직전에 정해야 하는 경우가 더러 있다는 점이 문제였다. 처음에는 코멘트 내용을 글로 적었지만 글

오늘의 테마 원자력발전소, 추진할 것인가 중단할 것인가?

➡️ 이렇게 커닝 페이퍼에 요점을 적어두면 무척 편리하다.

을 적는 데에 시간이 걸리니 코멘트 내용을 온전히 적지 못하는 경우가 허다했다. 그래서 하는 수 없이 뉴스의 요점을 '그림'으로 그리기 시작했다.

정치인의 발언과 원자력발전소 사고의 문제점을 덧붙이고 추가 정보를 적어 코멘트 내용을 정리했다.

그림을 그릴 때는 이야기의 대략적인 흐름을 머릿속에 담아두기 때문에, 생방송에서 코멘트를 할 때는 미리 그려놓은 그림을 훑어보면 문제없다.

그림의 장점은 다양한 방향으로 뻗어나갈 수 있다는 것이다. 생방송은 시간과의 싸움이어서 그 자리에서 바로 지혜롭게 대처해야 한다. 그런데 한 글자 한 글자 정성스레 써내려간 커닝 페이퍼로는 기지를 발휘하기가 힘들다. 아나운서가 아닌 이상 미리 적은 글을 자연스럽게 풀어내기란 쉬운 일이 아니다.

번호를 매겨서 요약하면 되지 않느냐고 반문할지 모르지만, 번호를 매겨 적으면 말을 할 때 일방통행이 되기 쉽고 유연한 대처가 필요할 때 응용력에 한계가 있다.

지금까지 문장을 적고 번호를 매기는 커닝 페이퍼를

썼던 당신, 그림을 그려보면 새로운 무기를 발견할 것이다. 꼭 시험해보기 바란다.

기술 10. 한발 앞서 듣기! "그러니까, 이렇다는 거죠?"

마지막으로는 이야기를 들을 때 유용한 기술을 소개한다.

상대방이 머릿속에 쏙쏙 들어오게 말하면 더할 나위 없겠지만 사실 그렇지 못한 경우도 있다. 그럴 때는 추임새를 넣어가며 상대방의 말을 정리하자.

방송과 이벤트에서 사회를 보다 보면 꼭 이야기를 장황하게 끄는 사람이 있다.

그럴 때는 상대의 이야기가 끝나면 이렇게 요약하자.

"그러니까, 이렇다는 거죠?"

이렇게 말하는 이유는 두 가지다.

첫 번째는 시청자 또는 청중에게 이야기의 목적을 상기시키기 위해서이다.

우리는 새로운 정보를 한 번만 들어서는 잘 이해하지

못한다. 주요 키워드를 다시 강조해야 이해가 깊어지고 '아하!' 하고 느낀다.

두 번째는 페이스를 조절하기 위해서다. 들은 내용을 이해하려면 머릿속을 정리할 시간이 필요하다. 시간적 '틈'이 있으면 머릿속을 정리할 시간을 확보할 수 있다. 내가 상대방의 말을 제대로 요약했다면 상대방이 "맞아, 그거야" 하고 반응할 것이고, 뉘앙스가 다르다면 내용을 바로잡아줄 것이다.

그런데 이때 조심해야 할 점이 있다. "그러니까, 이렇다는 거죠?"라고 요약할 때는 반드시 의문형으로 말해야 한다. "그러니까, 이렇다는 거군요"라는 어투는 윗사람이 아랫사람에게 말하는 듯 날카롭게 들릴 가능성이 있기 때문이다.

TIP

유창한 교양인을 마주했을 때 얻는 깊은 깨달음 10

1. 접속사를 들으니 무슨 내용이 이어질지 짐작이 가네!

2. 지루할 때쯤 신선한 화제거리를 던지니 흥미진진해!

3. 길게 늘어뜨리지 않고 짧게 말하니 무슨 뜻인지 알겠어!

4. 3가지 요점으로 딱 떨어지니 들을 맛이 나네!

5. 결론부터 말해주니 주제가 선명하게 들어오네!

6. 다각도로 설명해주니 같은 이야기라도 생생하게 들려!

7. 속도가 너무 빠르지도 느리지도 않으니 더 잘 들려!

8. 미리 연습을 했나? 느닷없는 질문에도 막힘없이 답하네!

9. 커닝 페이퍼가 있으니 더욱 요령 있게 말할 수 있구나!

10. 중간중간 들은 내용을 정리하니 이해가 더 쉽구나!

…우와.
정말 쉽고
명쾌하네요!

3장

하고 싶은 말이 뭔지
알 수 없는 교양바보 7

이야기가 흥미진진한 사람, 이야기가 지루한 사람

말을 교양 있고 재미있게 하는 사람이 있다.

만담가가 그 대표적인 예다. 만담가는 오로지 입담만으로 순식간에 듣는 이를 다른 세계로 옮겨놓는다. 만담가의 생생한 이야기를 듣고 있으면 난생처음 보는 장군이나 상인이 눈앞에서 대화하고 있는 듯한 착각마저 든다. 만담가는 우리 머릿속에 사극에서의 한 장면을 그려준다. 마치 영화를 보듯이 말이다. 만담가의 머릿속에 있는 익살맞은 광경이 언어를 통해 듣는 이의 머릿속에 생생히 재현된다. 만담가의 이야기가 흥미진진한 이유다.

만담가와 대비되는 사람이 바로 말이 지루한 사람이다.

나 역시 말이 지루한 탓에 지금껏 몇 번이고 진땀을 뺐
지만 말이다.

앞서 살펴보았듯이 아무리 교양을 쌓아도 전달이 서툴
면 교양이 없는 것과 별반 다르지 않다.

하지만 안심하시길.

교양을 하루아침에 몸에 익힐 수는 없어도 방법만 잘
터득한다면 명쾌하게 이야기하기는 식은 죽 먹기다.

이번 장에서는 교양바보에서 벗어나기 위해서 꼭 짚고
넘어가야 할 잘못된 대화 습관을 알아본다. 나의 잘못된
대화 습관이 무엇인지 깨닫기만 해도 명쾌하게 말하는
데에 큰 도움이 된다.

교양바보 1. 도대체 언제 끝나는 거야!
– 구구절절족

일전에 참석했던 결혼식에서 있었던 일이다.

신랑 측 회사 상사가 주례를 맡았다. 주례는 신랑, 신부

에게 축하 인사를 건네더니 대뜸 자신의 성장 과정을 늘어놓기 시작했다. 주례의 이야기에 신랑, 신부가 등장하는 걸까 기대했지만 그렇지도 않았다. 영화나 소설에 나올 법한 드라마틱한 에피소드나 무용담도 아닌 그저 평범한 아저씨의 인생 이야기가 구구절절 이어졌다. 아니나 다를까, 하객석 분위기는 무겁게 가라앉았고 하객들은 주례사가 끝나기만을 기다리는 눈치였다.

왜 주례는 대뜸 자신의 이야기를 꺼냈을까?

축하 인사에 앞서 하객에게 자신을 소개하고 싶었을 것이다. 자신이 어떤 사람인지 소개하면 하객들이 주례사에 귀를 기울여줄 것이라는 생각에서 말이다. 하지만 이런 생각은 오히려 역효과를 냈다.

화술을 다룬 책은 수도 없이 많다.

많은 책이 '결론부터 말하라'고 권한다(이 책의 '기술 5'에서도 설명한다). 그만큼 결론에 이르기 전까지의 서두가 길고, 주제와는 무관한 이야기를 하고, 설명을 구구절절 늘어놓는 사람이 많다는 뜻이다.

주제에서 벗어나는 이야기가 무조건 잘못된 것은 아니

다. 일부러 논지에서 벗어난 말을 해 분위기 반전을 꾀하기도 하니 말이다. 하지만 결론에 도달하기까지 구구절절 이어지는 말을 들으면서 '대체 무슨 말이지?' 또는 '거참 답답하네'라는 생각이 드는 이유는 상대가 말하고자 하는 바가 무엇인지 혼란스럽기 때문이다.

머릿속에 그림을 그릴 때 가장 중요한 요소가 바로 '주연'이다.

넓은 도화지를 펼쳐두고서 가장자리에서부터 그림을 그리는 사람은 없다. 메인이라고 생각하면서 성심성의껏 따라 그렸는데 뒤늦게 조연이었다는 사실을 깨달으면 스르륵 맥이 풀린다.

먼저 "오늘은 사과를 그려보죠", "산을 그릴 겁니다" 하고 결론부터 말하면 듣는 이의 머릿속이 환기되어 그림을 그리기가 한결 수월하다.

신랑, 신부의 이야기인가 싶어서 기대했는데 처음 보는 아저씨의 구구절절한 인생 이야기였다니, 머릿속에 그림을 그리면 그릴수록 헛수고가 아닌가. 결혼식의 주인공은 신랑, 신부이니 주례사의 결론은 두 사람에게 보내는 축복의 메시지일 것이다. 그 결론에 도달하기까지는 신랑, 신부의 사랑을 엿볼 수 있는 에피소드면 충분하다. 사실 시간이 제한적인 상황에서 말하는 이의 프로필은 크게 중요치 않다.

교양바보 2. 정확도에 너무 집착해!
– 전문용어 남발족

저스트 아이디어로(문득 든 생각인데요), 옛날옛적에 신데렐라라고 불리는 F1(유행에 민감한 20~34세 여성)의 아름다운 아가씨가 인게이지먼트(약속 시간을 정해서 하는 업무)를 지키지 못한 채 살았습니다. (…) 꼭대기를 넘기면(자정까지 야근하면) 마차, 드레스, 구두를 클라이언트에게 돌려주어야 했습니다. (…) 신데렐라와 명함 교환을 하지 않은 왕자님은 "1분만 더 괜찮아요?" 하고 저지했지만 신데렐라는 "음, 뉘앙스는 어그리agree에요"라는 알 듯 모를 듯한 말을 남긴 채 NR('노 리턴'의 약자로, 외근 후 사무실에 들르지 않고 바로 귀

가함을 뜻함) 해버렸습니다.

얼마 전 일본에서 인터넷상 화제가 된 〈광고 용어로 신데렐라 읽어보기〉라는 기사의 일부분이다. 글쓴이는 전 대형 광고 회사의 카피라이터이자 CM 플래너인 니시지마 도모히로西島知宏다. 일본 광고계에 종사하는 사람들의 대화에 등장할 법한 단어와 표현이 곳곳에 들어가 웃음을 자아낸다.

굳이 비전문가에게 낯선 전문용어나 업계 용어를 빈번하게 쓰는 사람이 있다.

물론 같은 업계 종사자나 전문가와 대화할 때는 상관없지만 전문용어 남발족의 문제는 상대를 가리지 않고 전문용어를 사용한다는 점에 있다.

예를 들어 컴퓨터 사용법을 잘 몰라서 컴퓨터에 정통한 지인에게 도움을 청했다고 치자.

도움을 청한 상대가 전문용어 남발족이면 낭패다.

컴퓨터를 잘 다루는 만큼 해결책은 척척 제시하겠지만 초보자가 기억하기에 벅찬 방법을 단축키를 사용해 빠르게 설명하며 "이게 가장 좋은 방법이야!" 하고 보란 듯이 말할 것이다. 컴퓨터를 잘 다루지 못해서 도움을 청했는데 마치 컴퓨터 전문가와 대화하듯 전문용어를 거침없이 사용한다. 그러니 설명을 따라갈 수 있을 리 만무하다. 질문을 한 내 잘못인 것만 같다. 당신 주변에도 이런 사람이 있지는 않은가.

전문용어 남발족은 특히 이과 계통에서 눈에 띈다.

이과 사람들은 '자세하고 정확한 설명이 가장 예의 바른 설명'이라고 생각하는 경향이 있다. 전문용어를 사용하면 정확히 설명할 수 있다고 믿는다. 하지만 정작 상대가 배경지식을 갖추고 있는지는 개의치 않는다.

또한 연구자는 늘 '피어 프레셔peer pressure'를 안고 있다.

피어란 '동료'를 뜻한다. 즉 동료에게서 받는 압박감이다.

이과 사람들은 자신이 동료 연구자에게 어떻게 비춰지는지를 상당히 신경 쓴다.

다른 연구자가 자신의 연구 내용을 '부정확하다'고 비판하면 적잖이 스트레스를 받는다. 그래서 평소에 말을 할 때도 일반인보다는 연구자를 의식하는 경우가 많다.

일전에 어느 과학자를 취재했을 때의 일이다.

과학자가 전문용어 남발족이었기 때문에, 나는 과학자를 인터뷰한 뒤 일반 독자가 이해하기 쉬운 비유를 들어 원고를 수정했다.

그런 다음 과학자에게 사실관계를 확인해달라는 취지에서 원고를 보냈는데, 과학자에게 갔던 원고는 온통 새빨갛게 물들어 돌아왔다. 원고에는 "정확도에 신경 썼습니다!"라는 문장이 의기양양하게 적혀 있었다.

이 일을 겪고 난 뒤로 과학자를 취재한 다음에는 늘 이 말을 덧붙인다.

"독자는 일반인입니다. 전문용어로 설명하면 상당수의 독자가 이해하지 못할 겁니다. 그래서 학문적 정확도와 난이도의 균형을 맞출 테니 아무쪼록 양해 부탁드립니다."

전문용어로 여성의 환심을 사려는 어리석음

전문용어 하면 생각나는 유명한 물리학자의 에피소드가 있다. 이 물리학자는 여성과 데이트를 하면서 별이

109

총총한 밤하늘을 올려다보며 낭만적인 분위기에 흠뻑 취해 있었다.

그런데 물리학자가 밤하늘을 올려다보며 꺼낸 말은 다음과 같았다.

"지구상에서 저 별이 불타는 원리를 아는 사람은 나밖에 없어."

아무리 자신 있는 분야라지만 "아름다운 저 별은 사실 어마어마한 핵반응이 일어나 수소가 핵융합해 헬륨이 된…"이라는 말에 여성이 감동할 리가 없다. 데이트에 실패할 확률이 천문학적으로 높아질 뿐이다.

이런 이야기도 들은 적이 있다.

다이어트에 성공한 여성이 신이 나서 직장 동료들에게 다이어트 성공 노하우를 말하고 있었다. 그런데 여성이 하는 말을 들은 이과 출신 남성이 갑자기 다이어트의 원리를 과학적으로 설명하기 시작했고, 그 자리의 분위기는 얼어붙었다고 한다. 자신의 전문 분야에 모두가 흥미를 지닐 것이라는 생각, 전문용어를 모두가 알 것이라는 착각은 금물이다.

한편 전문용어 남발족 중에는 콤플렉스과도 있다.

콤플렉스과는 정확함에 집착하지 않는다. 자신의 실력이 형편없다는 사실을 남들이 눈치채지 못하도록 일부러 어려운 단어를 사용한다.

'어글리', '에비던스', '스테이크 홀더' 등 사람들 입에 자주 오르내리는 외래어를 남발하며 상대를 어리둥절하게 만든다. 어려운 단어를 사용해 능력 있는 사람처럼 보이려고 한다. 그러고 보면 이런 사람들은 매스컴과 광고 회사에도 많은 듯하다.

교양바보 3. 대본을 그대로 읽고 있네!
- 메모 정독족

미리 준비한 메모를 뚫어져라 바라보며 읽어 내려가는 사람들이 있다.

틀리면 큰일 난다는 강박에 사로잡혀서 말할 내용을 미리 적어놓은 메모를 토씨 하나 틀리지 않고 '정독'하는 유형이다.

 일전에 어느 강연장에서도 메모 정독족을 본 적이 있다.
 미리 준비한 메모를 책상 위에 올려놓고 고개는 시종일관 책상을 향한 채 메모를 읽었다. 발표자의 얼굴은 단 한 번도 볼 수 없었다.

 메모 정독족은 시선을 메모에만 두기 때문에 듣는 이가 말을 알아듣기 힘들다. 또한 객석에 앉은 사람들과 눈을 잘 마주치지도 않기 때문에 듣는 이가 지루해한다는 사실을 알아채지도 못한다.

 또한 메모 정독족은 말에 높낮이가 없어서 이야기가 단조롭고 재미없다는 느낌을 받는다. 제아무리 이야기의 달인이라도 시선을 아래로 떨군 상태에서 단어 하나하나에 감정을 담기란 쉬운 일이 아니다.

 그런데 메모 정독족의 가장 골치 아픈 점은 따로 있으니, 바로 준비한 메모를 다 읽기 전까지 이야기가 끝나지 않는다는 점이다. 본인이 전하고 싶은 내용이 모두 메모지에 적혀 있으니 메모를 전부 다 읽기 전까지 이야기는 끝나지 않는다. 청중의 반응이 시원치 않아도 이야기를 빨리 끝맺는 법이 없다.

물론 실전에서 머리가 새하얘질 때를 대비해 메모를 준비하는 마음도 이해되고, 메모를 하면 '위험분산'이 된다는 점도 분명하다. 하지만 메모 정독족은 듣는 이에 대한 배려 없이 자신이 편한 대로 상대방에게 말한다.

말실수하지 않는 것보다 중요한 것은 상대의 반응을 살피는 행동이다. 듣는 이의 반응을 살피면서 미리 준비한 말을 바꾸는 용기가 필요하다.

그렇다면 상대의 반응은 어떻게 살펴야 할까? 내가 사용하는 노하우를 공개한다.

나는 한 달에 몇 번씩 일본 각지에서 강연을 한다. 강연을 할 때는 사전에 강연을 들으러 오는 청중의 연령층, 성별과 같은 속성을 확인하고 이에 맞춰 강연 내용을 준비한다.

하지만 제아무리 철저하게 준비해서 강연을 해도 반응이 영 시원치 않을 때가 있다.

내가 가장 민감히 여기는 지표는 바로 청중의 '하품'이다.

강연장에 100명이 있든 500명이 있든 무대에 선 사람에게는 하품하는 사람이 눈에 들어온다.

　하품은 '지루하다'는 의사 표시를 가장 알기 쉬운 척도다. 나는 객석에서 하품하는 사람을 두 명 발견하면 위기감을 느끼고 화제를 전환한다.

　1998년 12월, 만담가 다테가와 단지立川談志가 만담회 석상에서 졸고 있는 관객을 발견해 만담을 중단하는 소동이 있었다. 주최 측에서 졸던 관객을 퇴장시킨 후에 만담회는 재개되었지만 훗날 문제가 불거졌다. 지루함을 견디지 못해 졸았던 관객이 명예를 훼손당했다며 주최 측을 상대로 손해배상 청구 소송을 제기한 것이다.

　소송은 결국 '원만한 공연 진행과 다른 관객들의 이익 보호를 위해서 불가피한 조치였다'는 이유로 기각되었다. 다테가와 단지는 "졸았다는 사실에 화가 난 것이 아니라 관객과 호흡하는 자리가 훼손되었다는 생각이 들어 화가 났다"고 말했다. 과연 관객을 소중히 여기는 다테가와 단지답다. 다테가와 단지가 객석을 얼마나 주의 깊게 살피는지 엿볼 수 있는 일화이기도 하다.

강연 중 하품하는 사람 두 명을 발견했다면
재빨리 화제를 바꿔보자.

교양바보 4. 한 번 걸리면 도망갈 수 없다!
- 되풀이족

되풀이족은 같은 이야기를 하고 또 하는 유형이다.

그런데 되풀이하는 내용이 무엇인지에 따라 평가는 천차만별이다. 요점이나 상대가 잘 이해하지 못한 내용을 되풀이한다면 양반이다.

대부분의 경우에는 듣는 사람이 "아까 말했잖아", "또 그 얘기야?" 하고 고개를 절레절레 흔들게 된다.

이는 말하는 이의 머릿속이 정리되지 않아 이야기가 이쪽저쪽으로 새기 때문이다.

인간의 뇌는 이미 처리한 내용을 몇 번이고 되풀이하면 이를 생리적으로 받아들이지 못한다. 조금 전에 들은 것과 같은 내용이라고 판단하면 이내 흥미를 잃고 한 귀로 흘려보낸다. 상대방의 말이 오른쪽 귀에서 왼쪽 귀로 휙휙 스쳐 지나간다. 한 번 머릿속에 그린 그림을 몇 번이고 다시 그리기가 괴롭기 때문이다.

특히 되풀이족 중에서도 가장 곤혹스러운 건 인생 경

험담 같은 이야기를 매번 되풀이하는 사람이다.

술에 취한 아저씨가 흔히 보이는 행동이기도 하다.

"나도 젊었을 땐 말이야", "얼마 전에 있지"로 시작하는 추억담이 대표적이다.

내 경험상 이런 이야기에는 귀를 기울일 만큼 중요한 내용이 거의 없다. 영화처럼 극적인 스토리도 아니니 금세 질린다.

"또 시작이시네요! 저번에도 얘기하셨잖아요."

이렇게 콕 집어 말하면 같은 이야기를 되풀이하는 횟수가 줄어들지도 모르지만, 직접 시험해본 적이 없으니 여러분이 확인해보길 바란다.

교양바보 5. 계속 정리하려 드니 더 복잡해!
- 요컨대족

"한마디로 말하자면……."

"그러니까 결론이 뭐냐하면……."

'이야기 정리하기'는 듣는 이가 머릿속에 그림을 그릴 때 필요한 과정이다.

그런데 말하는 사람이 필요 이상으로 이야기를 정리하는 경우가 있다.

하나의 이야기는 한 번만 정리하면 충분한데, 몇 번이고 정리하려 들면 역효과가 난다. 또한 '요컨대'를 남발하는 사람일수록 이야기가 산만한 경우가 많다. 듣는 입장에서는 스트레스가 쌓인다.

'요컨대'를 빈번히 사용하는 사람은 평소 자신감이 넘치고 그 자리를 앞장서서 정리하려는 욕구가 강한 사람이다. 요컨대족의 자기과시성 발언에는 모두가 고개를 절레절레 젓게 된다. 그런데 정작 이야기의 요점이 무엇인지는 파악이 되지 않아 조바심이 난다. 총체적인 난국이다.

한편 '요컨대'라는 접속사를 듣는 이가 사용할 때도 있다.

상대방의 이야기를 파고들어 "요컨대 이렇다는 거잖아요?" 하고 억지로 결론을 내리려는 경우다. 이런 유형 역시 평소 자신감이 넘치고 빨리 정리하고 싶어 하는 사람이 많다. 이럴 때에도 '요컨대'는 신중히 쓰지 않으면 자칫 상대의 심기를 건드릴 수 있다. 말하는 쪽이 아닌 듣는 쪽에서 선불리 결론을 내리면 이야기가 왜곡될 수 있기 때문이다.

요컨대 '요컨대'를 조심하면 된다는 말이다.(˘ ͜ʖ˘)

교양바보 6. 말은 술술 하는데 남는 게 없어!
– 청산유수족

단 한 번도 막힘없이 술술 말을 이어가는 사람이 있다.

대단하다고 감탄하며 들었는데 이야기가 끝난 뒤에 생각해보니 '앗, 무슨 이야기였더라?' 하고 들은 내용이 하나도 기억나지 않았던 경험이 있지 않은가?

사실 여기에는 이유가 있다.

막힘없이 말한다는 것은 말하는 이가 자신만의 최적의 템포로 이야기를 전개하고 있다는 뜻이다. 여기에서 중요한 점은 '자신만의 최적의 템포'인데, 듣는 이에게는 시간적인 '틈'이 없다는 뜻이다.

 시간적인 틈은 듣는 이에게 무척 중요하다. 우리는 틈을 이용해 들은 내용을 머릿속으로 되새기고 정리한다. 마치 그림을 그릴 때 손을 잠시 멈추고 그림 전체를 확인하듯이 말이다.

 막힘없이 술술 말하는 사람은 듣는 이에게 생각을 정리할 조금의 여유도 주지 않는다. 들은 내용을 정리하지 못한 채 이야기가 끝나버리면 듣는 이는 '앗, 뭐지?' 하고 당혹감에 휩싸인다.

 또한 말을 거침없이 하는 사람은 술술 나오는 말 속에 정보를 꾹꾹 눌러 담거나 이야기를 비약하기도 한다. 그런데 정작 듣는 이에게는 정리할 틈이 없다. 그래서 적당한 '틈'은 대화 상대를 위해서 꼭 필요하다. 음악에서 음표와 음표 사이에 있는 쉼표가 중요한 역할을 하는 것과 마찬가지다.

 그러고 보니 일본에는 말이 청산유수와 같다는 뜻의 '세운 판자에 물立て板に水'이라는 속담이 있는데, 다시 생각해볼 만한 말이다.

참고로 '세운 판자에 물'과 반대되는 표현은 '뉘인 판자에 낙숫물$\scriptsize横板に雨垂れ$'이다. 보통은 옆으로 뉘인 판자에 낙숫물이 떨어지듯 말을 답답하게 한다는 뜻으로 쓰인다. 상대방이 이해하기 쉽게 말하고 싶다면 이 두 속담의 의미를 절충해보자.

교양바보 7. 일방적으로 가르치려고만 하네!
– 고압족

고압족은 아랫사람을 대하는 듯한 태도로 말하는 사람이다.

자신의 주장을 막무가내로 밀어붙이거나 눈앞의 상황을 제압하기 위해서 위압적으로 말하고 행동한다. 이런 태도를 바로 옆에서 겪으면서 기분이 좋을 사람은 없다.

문화센터에서 물리학을 가르칠 때의 일이다.

수업이 끝난 뒤 다 같이 화기애애하게 식사를 하며 이야기를 나누고 있을 때, 학생 한 명이 고압적인 말투로 주변 사람을 공격했다.

"그건 좀 아니지 않을까요?"라고 말을 시비조로 받아치
는가 하면, 다른 사람이 이야기할 때 "저기, 잠깐만요"라
며 끼어들어 다른 이야기를 꺼냈다. 무턱대고 자신이 잘
났다고 목소리를 높이고 다른 사람들이 자신의 의견에
고개를 끄덕이게끔 만들었다.

텔레비전 방송이나 강연회에서도 토론 형식의 진행
을 할 때가 있다. 고압족은 그런 자리에도 어김없이 나
타난다. 사실 분위기 제압하기는 그리 어려운 일이 아니
다. 눈에 띄는 발언을 하는 사람을 타깃으로 삼아 "그건
좀 아닌 것 같아요" 하고 이야기를 부정한다. 그러면 스
튜디오나 강연회장의 분위기가 '오, 그럴지도 몰라' 하고
변한다.

그 후 자신의 논리를 펼치면 모두가 귀를 기울이는데,
잘 들어보면 이야기의 내용이 조금 전에 부정한 것과 일
맥상통하지 않는 경우도 허다하다. 냉정하게 들어보면
별 내용이 아닐 때도 있다. 의욕만 앞서서 타인의 말을
부정해 주목을 받으려는 태도는 바람직하지 않다.

고압적인 태도는 사실 그 사람이 상처 입기 쉬운 사람이라는 반증일지도 모른다. 어찌 되었든 분명한 사실은 고압족의 화법이 그 자리의 분위기를 깨뜨린다는 것이다.

그러고 보니 얼마 전에 출신 대학교에 대한 비난을 받은 적이 있다.

나는 캐나다에 있는 맥길대학교를 졸업했다. 일본에서는 지명도가 낮은 학교다. 그런데 어떤 분이 "네? 맥길대학교요? 어디에 있는 학교죠? 들어본 적이 없네요"라며 무시하듯 잘라 말했다.

사실 맥길대학교는 영국의 글로벌 대학평가 기관인 QS Quacquarelli Symonds가 발표하는 '세계대학평가'에서 일본 최고의 대학으로 손꼽히는 도쿄대학교보다 종종 상위에 오르는 대학교다.

QS의 세계대학평가는 '학계 평가', '교수 1인당 논문 피인용 수', '유학생 비율' 등의 기준을 점수화해서 산출된다. 2017년 1위는 매사추세츠공과대학교(미국), 2위는 스탠퍼드대학교(미국), 3위는 하버드대학교(미국), 4위는 케임브리지대학교(영국), 5위는 캘리포니아공과대학교(미국) 순이었다. 맥길대학교는 30위였고 도쿄대학교는 34위였다(이래 봬도 일본의 대학교 중에서는 1위다).

맥길대학교가 도쿄대학교보다 순위가 높다는 점을 강조하고 싶은 것도, 학력을 자랑하고 싶은 것도 아니다. QS의 세계대학평가가 절대적이라고도 생각하지 않는다. 다만 세상에는 우리가 미처 알지 못하는 학교가 많으니 도쿄대학교가 최고라고 단언할 수는 없다는 점을 말하고 싶다. 우물 안 개구리가 되지 않으려면 자신이 지닌 지식만으로 상대를 규탄하지는 말아야 한다.

TIP

다음 7가지 유형 중 한 가지라도 해당한다면 당신도 교양바보

1. 결론은 필요없어! 구구절절 말하며 나 혼자 돋보이면 돼!

2. 이 단어가 무슨 뜻인지는 잘 모르겠지만 쓰면 유식해 보일 거야!

3. 밤새 준비한 메모를 그대로 읽으면 아무 문제 없겠지?

4. 요즘 애들은 경험이 없으니 내 인생 이야기나 계속 들려줘야지!

5. 저 사람이 하는 말에는 내가 직접 결론을 내려줘야겠어!

6. 얕은 지식이 탄로 날지 모르니 쉴 틈 없이 이야기를 이어가자!

7. 상대를 제압하는 게 중요해! 일단 딴지부터 걸고 보자!

이런 교양바보…
정말 최악이야!

4장

말이 절로 우아해지는
어휘력 기르기 연습 7

무엇이든 '야바이'라고 표현하는 일본 사람들

한때 화제를 모은 트윗이 있다. 바로 일본인 시나리오 작가 가가미 사키^{加神サキ}의 '진짜 어휘력 없는 나'라는 트 윗이다.

그림 속 '어휘력 있는 팔로워'가 사용하는 단어는 스물 아홉 개인 데 비해 '어휘력 없는 나'가 사용하는 단어는 일곱 개에 불과하다. 또한 '안다'라는 단어 하나가 모든 단어를 포괄하고 있다.

어휘력이 풍부하면 표현이 한층 섬세해진다.

'귀엽다'라는 단어도 '사랑스럽다', '깜찍하다', '매력적 이다', '곱다', '아름답다', '어여쁘다'처럼 달리 표현할 수

있다. '사랑스럽다'라는 말과 유사한 '깜찍하다'와 '어여
쁘다'에 대해 설명을 덧붙이자면 '깜찍하다'는 움직임이
있는 사랑스러움을, '어여쁘다'는 정적인 사랑스러움을
연상케 한다.

젊은 층에서 많이 쓰는 '위험해'라는 표현도 요즘 들어
뜻이 확장되고 있다.

일본어 '야바이ヤバい'는 '위험하다'라는 뜻으로 원래 위
험한 일이나 좋지 않은 일을 가리킬 때 쓰는 단어다. 그
런데 요즘에는 이 단어의 가용 범위가 꽤 넓어져서 일본
젊은이들은 기쁠 때 "야바이!", 슬플 때 "야바이!", 맛있
는 음식을 먹고 나서도 "야바이!"라고 외친다(비슷한 한
국어 단어로는 '대박'이 있다. '대박'은 어떤 일이 크게 이루어
짐을 비유적으로 이르는 말이지만 지금은 놀라운 마음을 표현
하는 데 두루 쓰인다 – 옮긴이). 이쯤 되면 온종일 '야바이'
라는 말만 하면서 살 수도 있을 것 같다. 뭐, 전후 문맥이
있으면 대화가 성립할 것 같기는 하지만 말이다.

어휘가 적다 = 사고 패턴이 적다

당신은 생각할 때 신체의 어느 부위를 사용하는가?

두말할 것 없이 머리다.

그렇다면 머리는 어떻게 생각을 할까?

머릿속에 있는 단어를 동원해 생각한다. 즉 **아는 단어가 많으면 많을수록 다각도에서 사고할 수 있다**. 하지만 자신의 머릿속에 없는 단어를 동원해 생각할 수는 없다.

'객관적'이라는 단어를 모르면 의식적으로 '객관적인' 시점에 설 수 없기 때문에 객관적으로 생각하지 못한다고 한다. 특정 단어를 모르면 그 단어가 나타내는 사고 방식을 지닐 수 없다니, 놀랍지 않은가?

앞서 알기 쉬운 설명이란 '듣는 이의 머릿속에 그림이 쉽게 떠오르는 설명'이라고 했다. 외부에서 들어온 단어를 이해할 때와 마찬가지로 스스로 생각할 때 역시 우리는 머릿속에 있는 단어를 사용해 '그림'을 그린다.

아는 단어 수를 색연필의 색깔이라고 치자. 다양한 색깔의 색연필을 가지고 있으면 다채로운 그림을 그릴 수 있다. 이와 마찬가지로 **어휘력이 좋으면 섬세한 표현을 할 수 있다.**

어떤 기준으로 보느냐에 따라 차이가 있지만 성인은 보통 5만 개 정도의 어휘를 안다고 한다.

일본 출판사 이와나미쇼텐株式会社岩波書店에서 출간한 일본어 사전《고지엔広辞苑 제6판》에 수록된 어휘는 약 24만 개에 이른다. 즉 성인의 평균 어휘 수는 사전 수록 어휘의 5분의 1 수준이다. 한편 초등학교 1학년은 보통 1만 개 정도의 어휘를 안다고 한다.

어릴 적에 아는 단어가 많으면 대화하기가 수월하다는 점을 여실히 느낀 적이 있다.

아버지의 일 때문에 뉴욕에 갔을 때의 일이다. 당시 초등학교 3학년이었던 나는 현지 초등학교에 다니게 되었는데, 영어를 하나도 할 줄 몰랐다. 당연하지만 대화와 수업은 모두 영어로 이루어졌다. 선생님과 반 친구들이 무슨 말을 하는지 도통 알아들을 수가 없었다. 보디랭귀지를 동원해 어떻게든 커뮤니케이션을 했지만 한계가 있었다.

답답한 마음에 어린이용 영어 단어집을 샀다.

친구들 및 선생님과 대화할 때 나에게 무엇보다 부족했던 점은 어휘력, 즉 단어 수였기 때문이다. 같은 반 친구들이 일상적으로 사용하는 단어를 5,000개라고 치면 내가 아는 단어 수는 10분의 1 수준인 500개 정도에 불과했다. 급이 아예 달랐던 셈이다. 나와 반 친구들 사이의 간극을 메우기 위해 여름방학 내내 죽기 살기로 영어 단어를 외웠다.

그리고 개학을 맞이했는데, 놀랍게도 학교에서 무척 수월하게 대화를 나눌 수 있게 되었다.

단어를 외운 덕분에 반 친구들의 말을 알아들을 수 있었고, 내 말도 친구들에게 통했다.

모국어라고 크게 다르지 않다.

사실 내가 주로 사용한 영어 단어는 100개 정도에 불과할지도 모른다.

하지만 직접 외운 단어 5,000개 중에서 100개를 사용하는 것과 딱 100개를 외워서 그것만 사용하는 것에는 차이가 있다. 대화 상대는 천차만별이다. 단어를 많이 알아 두면 대화 상대가 누구든 이야기를 나눌 수 있다.

미야자와 겐지의 언어는 세심하다

어휘를 많이 알면 왜 좋을까? 또 다른 이유가 있다.
세계를 언어로 담아낼 때 '체의 눈금'을 아주 섬세하게 조절할 수 있기 때문이다.
미야자와 겐지宮沢賢治는 퇴고를 거듭한 작가였다.
첫 원고가 어떻게 변했는지 그 변천사를 거슬러 올라가면 다양한 점을 깨달을 수 있다. 중층 구조로 이루어진 섬세한 언어의 세계가 펼쳐지는 것이다.
미야자와 겐지가 1934년에 발표한 단편 소설 《은하철도의 밤銀河鉄道の夜》만 살펴봐도 그렇다.
《은하철도의 밤》에는 다음과 같은 구절이 나온다.

캄파넬라는 원판 지도를 계속해서 빙빙 돌렸습니다.

여기에서 말하는 '원판 지도'는 무엇을 가리키는 것일까?

별자리판이 아닐까? 문득 이런 생각이 든 나는 별자리판을 손에 들고 더욱 몰두해 작품을 읽어 내려갔다.

그러던 참에 조반니와 캄파넬라의 대화가 나왔다.

조반니: 곧 백조 정거장이야.

캄파넬라: 응, 딱 11시에 도착하겠어.

이 부분을 읽으면서 나는 무릎을 탁 쳤다.

'기차가 밤 11시에 백조자리에 도착한다'는 뜻을 깨닫고는 손에 든 별자리판을 백조자리가 한가운데에 오도록 배치해보았다. 그랬더니 밤 11시를 가리키는 눈금은 8월 13일에 가까웠다.

더 읽다 보면 차장이 이렇게 말한다.

차장: 괜찮습니다. 남십자에 도착하는 건 3시쯤입니다.

마찬가지로 남십자자리에 3시에 도착한다고 해석해보

왔다.

북반구와 남반구는 밤낮이 반대니까 오후 3시에 도착하는 셈이다. 남쪽 하늘 별자리판에서 남십자자리를 한가운데에 오게 배치했다. 그랬더니 아니나 다를까, 8월 12일에서 13일에 해당했다.

즉《은하철도의 밤》의 시간적 배경은 과학적으로 8월 12일에서 13일 새벽이라는 사실을 알 수 있다. 게다가이 시기는 페르세우스자리 유성군이 출현해 유성의 수가 절정을 맞이할 때다. 그야말로 은하 축제의 밤이라는 설정에 제격이지 않은가!

어디까지나 나의 가설이지만 과학적으로 신빙성이 있다.

미야자와 겐지는 오랜 시간 동안 과학적으로 일리 있게 은하철도를 운행한다. 이렇게 작품에서 중층 구조를 발견하면 무척 즐겁다. 어휘를 섬세히 다루면 세상이 달리 보이기도 한다.

매년 8월 12일 밤에서 13일 새벽 시간을 놓치지 말자.
유성이 비처럼 쏟아지는 날이다.
《은하철도의 밤》이 알려준 귀중한 시간.

작가는 죽었다?!

작가는 소설을 쓸 때, 글로 쓰는 장면이 이미 머릿속에 '그림' 또는 '영상'으로 펼쳐져 있다. 작가는 머릿속에 떠오른 장면을 언어화해 문자라는 기호로 표현한다. 독자는 작가가 쓴 문자를 읽고 머릿속으로 상상하고 영상화한다. 이 과정에서 감정이입이 되어 울고 웃는다.

인기 소설이 영화화되면 어김없이 "주인공 역할에 안 어울려", "원작을 제대로 표현하지 못했어"라는 불만 어린 목소리가 들리는데, 이는 지극히 당연한 현상이다. 영화는 감독이 원작을 읽고 상상력을 극대화해 영상화한 작품이기 때문이다. 원작 소설은 독자가 작가의 기호(문자)를 받아들여 제각기 자유롭게 상상의 나래를 펼치는 무대가 되지만 말이다.

프랑스 철학자 롤랑 바르트[Roland Barthes]는 이런 현상을 '저자의 죽음'이라고 표현했다.

"이야기는 저자가 의도한 대로 읽지 않아도 된다. 독자가 읽고 싶은

대로 읽고 제각기 받아들이면 된다."

"저자는 작품을 지배하지 못하며, 독자에게 해석을 맡겨야 한다."

롤랑 바르트는 이렇게 주장했다. 우리는 작가가 작품을 해석해주기를 기대하곤 한다. 작가의 의도를 정확히 이해하고 싶은 생각에서다. 하지만 사실 독자 개개인의 작품 해석이 같을 필요는 없다. 독자 개개인이 머릿속으로 마음껏 작품을 영상화하면 된다.

어휘력이 '명쾌함'을 좌우한다

잠깐 옆길로 샜다. 앞서 이야기했듯 어휘력을 기르면 명쾌하게 말하는 능력이 눈에 띄게 향상된다.

당신이 신참 셰프라고 상상해보자. 요리 세계에 이제 막 뛰어든 참이라 만들 줄 아는 요리는 몇 되지 않는다. 그렇다면 장차 일류 셰프로 거듭나기 위해서 무엇을 하면 좋을까?

나라면 레시피를 공부할 것이다. 요리책을 읽고 맛있기로 소문난 가게도 찾아다닐 것이다. 다양한 식재료를 접하는 것도 중요하다. 식재료와 레시피를 공부한 다음에는 손수 요리를 만들어 누군가에게 시식을 권할 것이다. 이런 식으로 요리 지식과 경험을 쌓아 적용 범위를 넓혀나가고 싶다.

식재료는 어휘(단어 수)로, 레시피는 설명하는 요령이라고 생각하면 명쾌하게 말하기 위해 어떻게 하면 좋을지가 눈에 들어온다.

명쾌하게 말하려면 무엇보다 '상대가 아는 단어를 사용'해야 한다.

그런데 상대의 눈높이에 맞추려면 단어를 많이 알고 있을수록 좋다. 단어와 지식을 많이 알면 표현의 폭이 넓어지고 비유를 들어 말하거나 바꾸어 말하기도 수월하다.

취급하는 식재료, 지식, 레시피의 수가 풍부한 셰프의 레스토랑은 다양한 메뉴로 폭넓은 고객을 만족시킨다.

지금부터는 어휘력을 기르는 구체적인 방법을 소개한다.

어휘력 기르기 1. 닥치는 대로 읽어라

어휘력을 기르고 싶다면 무엇보다 '독서'를 추천한다.

특히 평소 책을 가까이하지 않았던 사람이라면 손에 집히는 대로 책을 읽는 '난독亂讀'이 효과 만점이다.

친구가 읽고 있는 책, 신문 기사에 언급된 책, 잡지 서평 코너에 소개된 책, 도서관에서 우연히 눈에 들어온 책 등 장르에 상관없이 손에 들고 훑어보자. 책을 읽으면 어휘 자체는 물론 내가 써본 적 없는 표현 방법도 배울 수 있다.

내가 모르는 어휘는 세상에 존재하지 않는 것이나 다름없다. 독서를 하면서 새로운 어휘를 하나라도 발견한다면 상당한 수확이다. 어휘를 재구성하고 비슷한 어휘를 알아보는 과정을 거듭하면 다룰 줄 아는 식재료도 늘어난다.

또한 이왕에 읽을 거라면 장르에 얽매이지 말자. 문학, 이과 계통, 철학, 예술 등 다양한 장르를 접해보자.

어휘력 기르기 2. 속담과 사자성어를 활용하라

속담과 사자성어는 어떤 상태나 상황을 한 문장으로 나타내기에 제격이다.

내가 해설자로 출연하고 있는 일본 공중파 방송 TBS의 아침 정보 프로그램 〈아사쨩!ぁさチャン！〉에서 있었던 일이다.

리우올림픽 육상 여자 $400m$ 결승 뉴스를 다룰 때였다. 금메달을 획득한 선수는 바하마 대표인 쇼네이 밀러-위보Shaunae Miller-Uibo였다. 그런데 밀러-위보는 결승점 앞에서 빈말로라도 '멋진 골인'이라고 할 수 없을 만큼 처참하게 넘어지며 헤드 슬라이딩 자세로 골인했다. 하지만 육상 규칙에서는 몸통 일부가 골라인을 넘으면 골인으로 인정하기 때문에 문제가 없었다.

VTR을 본 뒤 코멘트를 해야 하는 상황에서 내가 입 밖으로 꺼낸 말은 "그야말로 전화위복轉禍爲福이군요"였다. 그러자 현장에 있던 몇 사람이 방긋 웃었다.

속담이나 사자성어는 어조가 좋아서 대화나 글에 적

절히 활용하면 리듬감이 생긴다. 특히 일본 속담 중에는 숫자 '3'이 들어가는 것이 많다.

'고생 끝에 낙이 온다'는 뜻의 '돌 위에도 3년石の上にも三年', '대개의 일이 세 번째에는 잘 되기 마련이다'라는 뜻의 '세 번째가 진짜三度目の正直', '모든 사물은 몇 번이고 되풀이된다'는 뜻의 '두 번 있는 일은 세 번 있다二度あることは三度ある', '부지런하면 이득이 있다'는 뜻의 '일찍 일어나면 서푼어치라도 이득이 있다早起きは三文の徳' 등이 대표적이다.

다만 속담은 많은 사람이 알고 있는 만큼 자칫 잘못 사용하면 부끄러운 경험을 할 수도 있다. 다음 세 가지는 자주 쓰는 속담이다. A와 B 중 어느 쪽이 올바른 뜻인지 맞춰보자.

"인정은 남을 위한 것이 아니다情けは人の為ならず"

A: 남에게 인정을 베풀어 도움을 주면 결국 그 사람에게는 보탬이 되지 않는다.

B: 남에게 인정을 베풀면 돌고 돌아 결국 나 자신에게 보탬이 된다.

남에게 인정을 베풀자는 뜻의 B가 정답이다. 2010년도에 일본 문화청이 발표한 '국어에 관한 여론 조사'에서는 A가 정답이라는 의견이 45.7%, B가 정답이라는 의견이 45.8%였다. A와 B를 정답으로 꼽은 비율이 거의 비슷하다. 연령대가 어릴수록 잘못 사용하는 경향이 있었다.

"사랑하는 자식에게는 여행을 시켜라 かわいい子には旅をさせよ**"**

A: 아이는 다양한 곳을 여행하며 즐거운 경험을 쌓아야 한다.

B: 아이를 응석받이로 키우기보다는 혹독한 세상을 맛보게 해주어야 한다.

정답은 B다. 아이의 성장을 위해 알아두면 좋은 말이다. 앞서 살펴본 속담과 마찬가지로 2010년도에 일본 문화청이 발표한 '국어에 관한 여론 조사'에서는 90%가 정답을 맞혔다고 한다.

"격문을 띄우다 檄を飛ばす**"**

A: 자신의 주장을 널리 전하다.

B: 정신을 집중하기 위해 활력을 불어넣다.

정답은 A다. 2007년도 '국어에 관한 여론 조사'에서는 '격문을 띄우다'라는 문장을 B의 뜻으로 잘못 사용한 사람이 무려 72.9%에 달했다. 내가 올바르게 사용해도 상대방이 '뜻을 잘못 알고 있다'고 오해할지 모른다.

이렇듯 속담이나 사자성어는 무척 편리하다. 하지만 그 뜻을 잘 모르는 아이들에게 사용하면 서로 눈만 끔뻑이는 상황이 연출될 수 있다. 속담과 사자성어는 상대방의 수준에 맞게 사용하자.

어휘력 기르기 3. 유의어 사전을 참고하라

다르게 표현하고 싶은데 딱히 좋은 표현이 생각나지 않는다. 바꿔 말하고 싶은데 말문이 막힌다.

이럴 때 편리한 수단이 바로 '유의어 사전'이다.

유의어 사전은 말 그대로 비슷한 뜻을 지닌 단어를 정

리한 사전이다.

일본 최초의 유의어 사전은 1909년에 간행되었다. 요즘에는 인터넷에만 접속하면 손쉽게 '유의어 사전'을 검색해 이용할 수 있다. 인터넷 창에 단어를 검색하면 유사한 뜻을 지닌 단어를 제시한다. 예를 들어 앞서 설명한 '야바이 유의어'를 웨블리오Weblio 유의어 사전 사이트에서 검색하면 다음과 같은 단어가 제시된다.

큰일, 중대사, 의심스럽다, 걱정하다, 바람직하지 못하다, 형편이 좋지 못하다, 좋지 않다, 형편없다, 불편하다, 지장이 있다, 감당이 안 되다

한편 '귀엽다 유의어'를 검색하면 다음과 같은 단어가 제시된다.

사랑스럽다, 깜찍하다, 앙증맞다, 아름답다, 어여쁘다, 가려하다, 매력적이다, 곱다

어떤 단어를 쓰면 좋을지 고민스러울 때는 이렇게 유
의어 사전을 활용해보자.

어휘력 기르기 4. 의성어와 의태어를 써라

'멍멍', '반짝반짝', '주룩주룩', '매끈매끈', '느글느글',
'잠잠', '퐁'.

 의성어와 의태어는 사람이나 사물의 소리, 모양새, 동
작, 감정 등을 나타낸다.

 한국어와 일본어는 지구상의 다른 언어들에 비해 의성
어와 의태어의 수가 수십 배에서 수백 배는 많다고 한
다. 압도적인 숫자다. 일본의 의성어와 의태어는 역사
가 깊은데, 고대 신화와 전설을 기술한 일본에서 가장
오래된 문헌인《고사기古事記》에는 '코로코로'라는 소리
묘사가 등장한다. 일본에서 가장 오래된 가집인《만연
집万葉集》에는 코를 푸는 소리가 '비시비시'라고 묘사되
어 있다.

- 비가 내린다.
→ 비가 주룩주룩 내린다.
- 부장님의 아저씨 개그 때문에 조용해졌다.
→ 부장님의 아저씨 개그 때문에 분위기가 축 처졌다.

이렇게 의성어와 의태어를 잘 활용하면 현장의 공기와 질감이 전해진다.

의성어와 의태어는 단시간에 직관적으로 이해하기 좋아서 아이들의 관심을 끄는 말로 주목받고 있다. 특히 그림책에 의성어와 의태어가 많은 것도 아이들의 호기심과 흥미를 자극하기 위해서다.

의성어와 의태어는 의료 현장에서도 맹활약한다.

병원에서 의사에게 자신의 증상을 설명할 때 '띵하다', '따끔하다', '욱신욱신하다', '콕콕 쑤시다'와 같은 표현을 쓰는 사람이 많다.

통증을 나타내는 의성어 및 의태어와 실제로 진단받은 병명에 연관성이 있는지 조사한 연구 결과가 있다. 바로 일본 국립국어연구소의 특임 조교였던 다케다 코코竹田晃子

와 통증 임상연구에 일가견이 있는 오가와 세쓰로小川節郎 (일본대학종합과학연구소 교수) 연구 팀의 연구 결과다.

조사는 두통과 요통에 시달리는 8,100여 명을 대상으로 이루어졌다(다음 페이지의 표를 참고해보자).

환자가 증상을 설명할 때 가장 많이 사용된 의성어와 의태어는 '욱신욱신'이었다. 진단명은 '편두통', '어깨관절 주위염', '좌골 신경통', '경추증' 등으로 폭넓었다. 한편 관절 류머티즘의 통증은 '지끈지끈', 대상포진 후 신경통은 '찌릿찌릿' 또는 '콕콕'으로 표현하는 사람이 많았다고 한다.

오가와 교수는 환자가 "띵한 증상은 사라졌지만 전기 자극을 받는 것처럼 찌릿찌릿했다"고 호소하면 단어 표현으로 미루어보아 '편두통은 개선되었지만 대상포진과 같은 신경성 통증이 남아 있는 상태'로 추측할 수 있다는 설명을 덧붙였다.

자신의 통증을 의사에게 정확히 표현해야 정확한 진단으로 이어진다. 통증을 표현하는 의성어 및 의태어의 서랍도 가득 채워두자.

진단명 별 '의성어 및 의태어'의 표현 빈도

염증에 의한 통증

군발성 두통	띵	욱신욱신	콕콕	지끈지끈	우지끈
편두통	욱신욱신	띵	지끈지끈	시큰	쿡쿡
긴장성 두통	욱신욱신	띵	지끈지끈	우지끈	시큰
관절 류머티즘	욱신욱신	지끈지끈	시큰	삐걱삐걱	콕콕
어깨관절 주위염	욱신욱신	지끈	시큰	버거덕	지끈지끈
변형성 무릎관절염	욱신욱신	지끈	삐걱삐걱	지끈지끈	시큰

신경에 의한 통증

좌골신경통	욱신욱신	시큰	찌르르	우지끈	저릿
대상포진 후 신경통	콕콕	욱신욱신	찌릿찌릿	지끈지끈	찌르르
당뇨병성 신경장애	시큰	찌릿찌릿	찌르르	콕콕	욱신욱신
경추증	욱신욱신	우지끈	지끈	찌르르	버거덕
뇌졸중 후 통증	시큰	찌릿찌릿	욱신욱신	쿡쿡	저릿

※일본 아사히신문의 기사를 바탕으로 작성했다. 표현 빈도는 왼쪽에서 오른쪽으로 갈수록 낮아진다.
  오가와 세쓰로, 다케다 코코의 조사 참고.

어휘력 기르기 5. 단어를 바꿔 말해보자

우리는 텔레비전 방송에서 '○○ 계의 노벨상', '○○ 계의 아카데미상', '○○의 고시엔(일본 전국 고등학교 야구 대회 - 옮긴이)'이라는 수식어를 심심치 않게 접한다.

시청자가 상의 이미지를 쉽게 연상할 수 있도록 바꿔 말하는 것이다. 이 방법은 시청자가 노벨상, 아카데미상, 고시엔에 대해 특정한 이미지를 가지고 있을 때 효과적이다.

이미지를 쉽게 떠올릴 수 있는 말로 바꿔 말하면 정확도는 떨어질지 몰라도 이야기 전달 속도는 눈에 띄게 빨라진다.

일본인은 넓은 곳을 소개할 때 '도쿄돔 ○개 넓이'라는 표현을 종종 쓴다. 도쿄돔의 대략적인 크기를 머릿속에 그려볼 수 있어서 효과적인 말이다. 도쿄돔의 면적은 약 4만 7,000m^2라고 한다. 곱셈과 나눗셈만 할 줄 알면 당신도 '도쿄돔 ○개 넓이'라는 표현을 자유자재로 쓸 수 있다. 실제로 사용할 기회는 그리 많지 않겠지만, 외워두면 정말로 필요할 때가 있을 것이다.

예를 들어 국회의사당은 대략 도쿄돔을 두 개 합친 넓이고, 도쿄 디즈니랜드는 도쿄돔을 11개 합친 넓이며, 일본에서 가장 큰 호수인 비와코 호수는 도쿄돔을 무려 1만 4,335개 합친 만큼의 넓이다.

덧붙이자면 '어른의 혈관을 모두 더한 길이는 약 10만km' 인데, 이렇게 말해서는 얼마나 긴지 확 와 닿지 않는다.

'어른의 혈관을 모두 더한 길이는 지구 두 바퀴 반을 도는 길이'라고 바꿔 말하면 어떤가? 머릿속에 '그림'이 잘 그려져서 "그렇게 길단 말이야?" 하고 눈이 휘둥그레질 것이다.

어휘력 기르기 6. 감정을 섞어 넣자

상대방의 상상력을 이용해 바꿔 말하는 방법도 있다. 바로 '비유'다.

텔레비전 방송에서 시식하는 장면이 나올 때를 떠올려

보자. 음식을 먹은 뒤에는 평가를 덧붙여야 한다.

일상에서는 있는 그대로 "맛있어요!"라는 말 한마디면 충분하지만 방송 멘트로는 별 재미가 없다. 그래서 맛있다는 표현을 어떻게 바꿔 말하면 좋을지 생각해보았다.

예를 들면 이렇게 말이다.

"맛이 정말 황홀하네요."

"이 요리는 비겁해요. 또 배가 불룩 나오잖아요!"

요리는 대화의 단골 주제다. 요리에 관해 이야기할 때 "그 가게 맛있어"라는 뻔한 표현에서 한발 나아가 톡톡 튀는 표현을 시도해보면 어떨. 이성에게 데이트 신청을 할 때 성공률이 높아질지도 모르는 일이다.

누군가가 영화나 책이 어땠는지 물어볼 때도 '재미있었어', '지루하더라' 대신 다른 표현을 쓰면 상대방에게 전해지는 느낌도 다르다.

"영화관에서 다섯 번이나 봤어."

"아내랑 같이 보러 갔는데, 아내가 줄곧 손으로 얼굴을 가리고 있더라고."

단순히 '재미있다', '무섭다'라는 말보다 영화를 본 사람의 감정과 현장감이 생생히 전달된다.

이렇게 나만의 표현을 몇 개 지니고 있으면 대화 분위
기나 상대방에 따라 적절히 가려 쓸 수 있다.

그렇다면 나만의 표현을 어떻게 늘리면 좋을까?

물론 직접 생각해내도 좋겠지만 그보다 손쉬운 방법은
다른 사람에게 배우는 것이다.

말 잘하는 사람이 하는 말 중에서 귀에 쏙쏙 들어오는
표현은 기억해 두자. 표현 패턴을 익혀두면 어휘력이 확
장되고 자기 나름대로 표현을 재구성할 수도 있다.

텔레비전 방송 해설자로 맹활약하고 있는 데리 이토
テリー伊藤는 원래 방송을 제작하는 연출가다.

〈천재 다케시의 건강해지는 텔레비전!〉, 〈비트 다케시
의 개그 울트라 퀴즈!〉, 〈네루톤 베니구라단〉, 〈아사쿠사
바시 영 양품점〉 등 일본에서 전설로 손꼽히는 텔레비
전 방송을 직접 제작했다. 데리 이토는 '텔레비전 방송은
노인부터 어린이까지 폭넓은 연령대가 보는 만큼, 방송
기획안은 누가 봐도 이해할 수 있도록 작성해야 한다'는

신념을 지니고 있다.

"쉬운 말로 다시 써 와!"

그래서 어려운 한자투성이 기획안을 제출한 스태프에게는 이렇게 퇴짜를 놓는다고 한다. 폭넓은 연령대에 전하는 일을 업으로 삼으면서 상대방에게 어려운 말을 들이밀면 안 된다는 뜻이다. 딱딱한 한자어를 쓰는 대신 의식적으로 쉬운 단어를 쓰기만 해도 말뜻을 이해하기가 한결 쉬워진다. 이 점도 잊지 말고 기억해두자.

어휘력 기르기 7. 문과와 이과를 섞어라

누구든 생각이 턱 막힐 때가 있다. 그럴 때는 관점을 바꾸어보자.

관점을 바꾸어보면 지금까지와는 다른 단어와 마주할 기회가 늘어난다.

나는 이 이야기를 할 때 꼭 "새의 눈을 가져보라"고 말한다.

새는 세상을 어떻게 볼까?

우리가 보는 세상과는 사뭇 다르다.

인간은 삼원색으로 세상을 보지만 새는 사원색으로 세상을 본다. 사원색이라니, 신기하지 않은가?

눈 속에는 특정 파장에 반응하는 세포가 있다. 인간은 이 세포의 종류가 세 가지인 데 비해 새는 네 가지다. 새에게는 사람에게 없는 보라색 파장을 볼 수 있는 세포가 있다. 즉 새는 사람이 보지 못하는 '자외선'을 본다.

우리는 꽃을 정중앙에 암술과 수술이 있고 그 주위에 꽃잎이 있는 모양으로 인식한다. 한편 새는 꽃잎에 무늬가 새겨진 모양으로 인식한다. 이 무늬는 자외선을 볼 수 있는 동물에게만 보여서 우리의 눈에는 보이지 않는다.

이렇게 인간과 새는 같은 꽃을 바라보지만 전혀 다른 모습을 본다.

보이는 세상이 다르면 사고방식도 달라진다. 자신의 관점이 벽에 가로막혔을 때 남들은 어떻게 보고 있는지 관점을 바꾸어보면 시야가 넓어지기도 한다.

명쾌하게 이야기하는 사람을 만나면 명쾌하게 말하기

위해 어떤 노력을 기울이는지 관찰해보자. 반대로 지루한 설명을 늘어놓는 사람을 보면 '나라면 어떻게 말할지'를 고민해 보자. 이렇게 관점을 바꿔보면 사고 패턴도 늘어난다.

호기심이 지식의 폭을 넓힌다

'문과와 이과의 융합'은 시야를 넓히는 효과적인 방법이다.

일본 사람들은 '문과'와 '이과'를 나누고 싶어 한다. 문과와 이과 사이에 높은 담을 쌓고 좀처럼 섞으려 하지 않는다. 정말이지 안타까운 일이다.

나는 꾸준히 '문과와 이과의 융합'을 주제로 문제 제기를 해왔다.

지금 당장 문과 사람들이 물리와 미적분을 제대로 배워야 한다는 말이 아니다. 지식의 폭을 넓히고 싶다면 살짝이라도 좋으니 자신이 모르는 분야에 발을 담가보자. 문과 사람이 이과 감각을 키우면 말을 더욱 논리정연하게 할 수 있을지도 모른다. 이과 사람이 문과 감각을 키우면 비유를 이해하기가 한결 수월할 것이다. 문과와 이과 중 어느 한쪽으로 치우치지 않고 균형감 있는 '융합 지식'을 목표로 삼아야 한다.

아인슈타인^{Albert Einstein}은 "나에게 특별한 재능은 없다. 다만 왕성한 호기심이 있을 뿐이다"라고 말했다. 무슨 일이든 가리지 않고 흥미를 가지려는 마음가짐이 중요하다.

'셰익스피어'에도 '가속도'에도 흥미를 갖자

그렇다면 일본은 언제부터 '문과'와 '이과' 사이에 담을 쌓기 시작했을까?

일본의 사회학자 하시즈메 다이자부로^{橋爪大三郎}가 쓴《하시즈메 다이자부로의 사회학 강의 (2)^{橋爪大三郎の社会学講義(2)}》에 의하면 일본에서 문과와 이과의 정의가 생긴 것은 메이지 시대의 고등학교 제도 하에서라고 한다.

문과는 칠판과 노트만 있으면 학문을 배울 수 있지만 이과는 실험을 하는 데 비용이 든다. 돈이 들지 않는 학부를 문과, 돈이 드는 학부를 이과로 나누고 수학 시험을 통해 이과 학부의 학생 수를 조절했는데, 이 관습이 100년 넘게 지난 지금까지 뿌리 깊게 남아 있는 것이다. 문과로 진학한 학생은 수학을 비롯한 이과 과목을 잘 모르는 것이 당연하고, 이과로 진학한 학생은 국어와 사회 과목에 서투른 것이 당연하다는 인식이 만연해 있다.

지금으로부터 50년도 더 전에, 영국인 작가 찰스 퍼시 스노Charles Percy Snow가 《두 문화와 과학혁명The Two Cultures》이라는 책을 출간했다. 스노는 이 책에서 "이른바 이과와 문과라는 문화 사이에는 너무나 큰 괴리감이 자리해 서로 말이 통하지 않는다"고 목소리를 높이며 당시 영국 사회에 경종을 울렸다.

당시에는 문과 엘리트가 이과 사람들을 얕보는 경향이 있었다고 한다. 스노는 문과 엘리트에게 다음과 같은 질문을 던졌다.

"가속도가 무엇인지 설명할 수 있는가?"

대부분의 문과 엘리트는 대답하지 못했는데, 그런 질문을 하는 것 자체가 어처구니없다는 태도를 보였다고 한다. 이에 스노는 '가속도가 무엇인지 아는가'라는 질문은 '셰익스피어의 작품을 읽어본 적이 있는가'라는 질문과 같은 수준이라고 응수했다. 그리고 문과와 이과의 간극에 대해 "훌륭한 문과 지식인의 과학 지식은 아직 신석기 시대 수준에 머물러 있다"고 혹평했다.

균형감이 뛰어난 사람이 바로 교양인이다.

지식에 치우침이 없는 균형감 말이다. '나는 문과니까', '나는 영락없는 이과니까'라고 생각하며 스스로 다른 분야 지식을 배울 기회를 차단하는 행동이야말로 교양바보의 시작이다.

이과와 문과 사이의 담을 헐어야 한다.

문과와 이과 융합의 첫걸음으로 먼저 국어, 정치, 수학, 과학, 역사에 골고루 흥미를 가져보자. 무리할 필요는 없다. 막연히 거부감을 가졌던 분야의 지식을 아주 조금만 받아들여도 균형감은 크게 달라진다. 지식의 폭을 넓히는 첫걸음이다.

신문의 과학 면을 보며 호기심을 자극하라

지금까지 이과와의 연이 없었다면 '과학 뉴스'를 읽어보기를 추천한다.

신문을 볼 때 늘 그냥 지나쳤던 '과학 면'을 읽어보자.

신문사 웹사이트의 과학 코너에서 칼럼을 읽어보아도 좋다. 시간이 난다면 서점의 과학 잡지 코너에도 발걸음을 옮겨보자.

행동을 조금만 바꾸면 평소 자신과는 멀게만 느껴졌던 이과 정보를 손쉽게 얻을 수 있다.

나의 아내는 결혼하기 전까지 전형적인 문과 사람이었다. 원래 독서를 무척 좋아했는데, 결혼을 계기로 내 서재에 있는 이과 책을 섭렵했다.

그리고 어느새 지식이 늘어 '상대성이론', '푸앵카레 추측', '필즈상'과 같은 단어를 이해할 수 있게 되었고 지금은 과학이 정말 재미있다고 말한다. 문과와 이과 사이의 거리감은 막연함에서 온다는 사실을 단적으로 보여주는 예다.

아인슈타인은 철학서를 닥치는 대로 읽었다

한편 이과 사람 중에는 사실이 아니라는 이유를 들어 소설과 픽션을 진심으로 멀리하는 사람이 있다. 그렇다면 과연 이과 세상은 모두 논픽션일까?

'초끈이론'을 예로 들어보자.

누구도 '초끈'을 본 적이 없다. 어디까지나 상상 속 가설이다. 수학 세계에서조차 픽션에 가깝다. 그러니 이과 사람도 소설과 같은 픽션을 즐겼으면 좋겠다.

"이런 건 만들어낸 거니까 관심 없어."

"허점투성이네."

이런 말을 꺼내기에 앞서 일단 책을 손에 들어보자. 당신이 몰랐던 단어와 표현이 책 속에 펼쳐질 것이다.

철학서는 효율을 중요시하는 이과 사람이 뚜렷한 이유 없이 싫어하는 장르 중 하나다.

철학자는 인간의 바람직한 모습과 이상적인 세계 등의 본질을 깊이 파고든다. 물론 철학서 중에는 난해한 것이 많아 쉽게 손을 뻗기 힘든 것이 사실이다.

그럼에도 불구하고 난해한 책을 읽는 행위는 정말 중요하다.

내가 무엇을 모르는지를 알면 현시점의 문제점이 훤히 드러난다. 이해하지 못해도 좋으니 우선 읽어보자. 그러면 내가 무엇을 모르는지 알 수 있다. '모른다'고 느끼는 것은 결코 무의미한 행위가 아니다.

하루아침에 칸트의 모든 것을 이해할 수 있는 사람은 없다. 아인슈타인의 상대성이론도 마찬가지다. 일단 책을 읽어보고 이해되지 않는 점이 무엇인지를 알면 충분하다. 그리고 약간의 시간을 두고 다시 읽어보자. 나아가 다른 책과 비교하면서도 읽어보고, 해설본도 읽어보자.

참고로 아인슈타인은 유년 시절에 철학자 칸트의 저서를 즐겨 읽었다고 한다. 장차 천재 과학자가 될 아이가 철학서를 탐독한 것이다. 이 사실에 큰 힌트가 숨어 있다.

시행착오를 반복하면 깊이 이해하고 체득할 수 있는 법이다. 그러니 곧바로 효과를 보겠다는 욕심을 버리고 어려운 책에 도전해보자.

배운 내용은 바로 실전 투입

문과와 이과의 융합으로 다양한 분야에 관심이 생기고 아는 식재료(어휘)와 레시피(표현 방법)가 늘었다면 이제는 배운 표현을 일상에서 활용해보자.

새로 산 식재료를 냉장고에 넣어두고 썩히기는 아깝다. 맛있게 요리해 가족과 친구들에게 대접하고 맛있다는 칭찬까지 받으면 즐겁지 않겠는가. 말과 표현도 요리와 마찬가지다. 새로 익힌 내용을 누군가에게 사용해보자. 언어는 인풋만 해서는 안 된다. 아웃풋을 해야 비로소 내 것이 된다.

누군가에게 이야기를 전하는 일은 결코 쉬운 일이 아니다. 어떤 짜임새로 이야기해야 상대방이 흥미를 가지고 들어줄까?

듣는 이를 떠올리면서 적합한 단어와 이야기의 흐름을 고려하면 독선적이고 지루한 이야기만큼은 피할 수 있다.

그리고 남에게 이야기하고 싶은 마음이 강해지면 '조금 더 자세히, 조금 더 재미있게' 이야기하고 싶은 마음에 다방면에 걸쳐 지식의 깊이를 더하고 싶어질 것이다.

그러면 선순환이 이어진다. 문과 센스로 이야기의 전개 방식과 하이라이트를 생각하고 이과 센스로 정보를 보충하자. 교양인으로 거듭나는 데는 '문과와 이과의 융합'이 도움이 될 것이다.

> **TIP**
>
> **생생하고 입체적인 말하기를 위한 어휘력 기르기 연습 7**
>
> 1. 손에 잡히는 책들은 무조건 읽어!
>
> 2. 속담과 사자성어로 리듬감을 살려!
>
> 3. 똑같은 말만 쓰지 말고 유의어를 활용해!
>
> 4. 의성어나 의태어를 써서 소리나 동작을 전달해!
>
> 5. 이미지를 떠올릴 수 있는 비유를 들어 설명해!
>
> 6. 다양한 표현 패턴을 익혀 감정을 실감나게 전달해!
>
> 7. 문과생은 과학책을, 이과생은 철학책을 읽어!

5장

'명쾌함의 유혹'에
속지 않는 비결

'아하!'의 함정

일전에 화제가 된 어느 기업의 프레젠테이션이 있다. 자사 인터넷의 우수한 접속률을 타사의 인터넷 접속률과 비교하는 내용이었다.

화면에 자사와 타사 인터넷의 접속률을 비교하는 막대그래프가 표시되었다.

막대그래프의 길이만 보면 A사가 단연코 성적이 좋은 듯 보인다. 그런데 그래프에 적힌 숫자에 주목해보자.

A사 97.5%   B사 96.7%   C사 96%

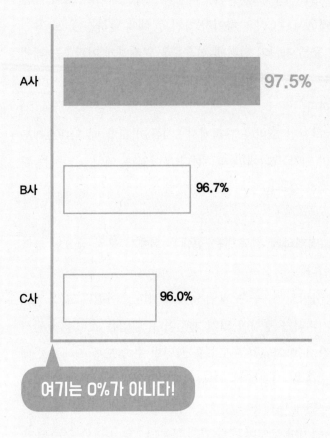

A사와 B사의 차이는 겨우 0.8%이고, A사와 C사의 차이도 1.5%에 불과하다. 하지만 그래프의 시각 효과 때문에 A사와 C사의 차이가 마치 두 배에 달하는 듯 보인다.

물론 자사의 인터넷 접속률을 명쾌하게 어필하는 데에는 효과 만점이다. 이런 방법은 기업광고의 기본이기도 하다.

하지만 소비자 관점에서 3사를 비교할 때 막대그래프의 시각 효과에만 의존한다면 어떨까. 때에 따라서는 위험한 결과를 초래할 수도 있다.

'명쾌하게 전하기'는 현대 사회에서 무척 중요한 능력이다.

사람들은 '무슨 말인지 모르겠다', '어렵다'고 느끼면 기피하는 경향이 있기 때문이다. 기업은 소비자가 단시간에 '아하!' 하고 고개를 끄덕일 수 있도록 지혜를 한데 모은다. 사람들이 쉽게 이해할 만한 내용을 쏙쏙 골라 전면에 내세운다.

하지만 무엇이든 한 가지 부분만으로 설명할 수는 없다.

제시된 일부 내용만 보고 '아하!' 하고 고개를 끄덕였다
고 해서 전부 이해했다고 생각하면 착각이다.

큰 글씨로 강조된 캐치프레이즈에 혹해 설레는 마음으
로 상품을 샀다가 조그맣게 적힌 설명이나 약관 때문에
쓴맛을 본 사람도 있을 것이다.

그러니 명쾌함을 추구하는 한편, 제시된 정보를 무조건
받아들이지 않도록 조심해야 한다.

그러지 않으면 '명쾌함의 함정'에 빠져 정작 필요한 내
용에 다다르지 못할 수도 있다. 제시된 정보만 보고 '아
하!' 하고 고개를 끄덕이고 생각을 멈추면 위험하다.

이번 장에서는 과학 작가로서 '명쾌함의 함정'에 빠지
지 않는 노하우를 소개한다.

모르면 금전적으로 손해 보는 '이것'

'돈'은 모든 사람이 관심을 갖는 주제다.

잡지의 특집 기사나 인터넷 뉴스의 표제어에 '평균 연

봉' 또는 '평균 저축액'이라는 말이 올라 있으면 나도 모
르게 눈길이 간다.

'평균값'은 익숙하면서도 무척 알기 쉬운 기준이다. 그
런데 바로 이 평균값 때문에 명쾌함의 함정에 빠지기도
한다.

'평균 저축액'을 예로 들어 생각해보자.

자신의 저축액이 평균 이상인지 이하인지, 나와 같은
세대가 얼마만큼 저축하는지는 모두가 궁금해 하는 내
용이다. 일본 금융광고중앙위원회가 2015년 발표한 '가
계의 금융 행동에 관한 여론조사(2인 이상 세대)' 자료를
살펴보자.

- 20대 189만 엔
- 30대 494만 엔
- 40대 594만 엔
- 50대 1,325만 엔
- 60대 1,664만 엔
- 70대 이상 1,618만 엔

어느 세대든 각 세대에 걸맞은 금액인 듯 보인다. 당신의 저축액은 평균 이상인가, 이하인가?

위에 제시된 평균값만 보고 기뻐하거나 풀 죽었다면 '명쾌함의 함정'에 빠졌다는 뜻이다. 평균값은 어디까지나 '평균'이기 때문이다. 저축액의 평균값은 조사 대상의 저축액을 모두 더한 다음 인원수로 나누어 구한다. 극단적인 예를 들면 1,000만 엔을 저축한 사람 1명과 0엔을 저축한 사람 4명의 평균값은 200만 엔이다. 고액을 저축하는 사람이 있으면 평균값은 단숨에 치솟는다.

평균값의 함정에 빠지지 않기 위해 기억해두면 좋은 단어가 바로 '중앙값'이다. 중앙값은 조사 대상을 순서대로 세워 놓고 위에서부터 세든 아래에서부터 세든 정중앙에 있는 값 하나만을 가리킨다. 위의 예시에서는 저축한 사람 5명을 일렬로 세웠을 때 '0'이 저축액의 중앙값이 된다.

그렇다면 조금 전에 살펴본 세대별 저축액의 중앙값을 알아보자.

- 20대 68만 엔(평균값 189만 엔)

- 30대 213만 엔(평균값 494만 엔)

- 40대 200만 엔(평균값 594만 엔)

- 50대 501만 엔(평균값 1,325만 엔)

- 60대 770만 엔(평균값 1,664만 엔)

- 70대 이상 590만 엔(평균값 1,618만 엔)

세대를 불문하고 중앙값은 평균값의 절반에도 못 미친다.

각 세대에서 일부 부유층이 평균액을 끌어올렸다는 뜻이다. 이는 같은 세대 안에서도 저축액의 격차가 꽤 벌어져 있음을 짐작케 한다.

이렇듯 익숙하고 알기 쉬운 평균값에는 수학의 마법이 숨어 있다. 앞으로 '평균값'이 나오면 '중앙값'이라는 단어를 떠올려 '명쾌함의 함정'에 빠지지 않도록 조심하자.

잘 당첨되는 복권 판매점은 어디?

1등 전후 상까지 합쳐서 당첨금 10억 엔!

우리는 일확천금을 꿈꾸며 복권을 산다.

일본에는 연간 다섯 번 당첨자를 뽑는 대규모 복권인 '점보다카라쿠지ジャンボ宝くじ'가 있다. 이 복권을 판매하는 시기에는 당첨이 잘 되기로 소문난 '니시긴자 찬스 센터'에 복권을 사려고 늘어선 행렬이 텔레비전 방송에 소개되곤 한다. 니시긴자 찬스 센터에서도 특히 1번 창구의 인기가 좋다. 대길일로 점쳐지는 날에는 복권을 사기 위해 몇 시간이고 기다려야 할 때도 있다.

니시긴자 찬스 센터의 웹사이트에 따르면 1989년 초여름에 판매된 '드림점보'에서부터 2016년 가을에 판매된 '가을점보'에 이르기까지 이곳에서 나온 '억만장자'만 474명에 달한다. 당첨 총액은 740억 엔이다. '다음 당첨자는 나'라는 기대감에 줄을 서고 싶어지는 마음도 이해된다.

그런데 이곳에서 복권을 사면 정말로 당첨 확률이 높아질까?

 답은 'Yes'이기도, 'No'이기도 하다.

 애당초 니시긴자 찬스 센터의 1번 창구에는 복권을 사기 위해 긴 행렬이 생기니, 다른 창구에 비해 판매되는 복권의 수가 확연히 많다. 판매되는 복권 수가 많으면 1등 복권이 섞여 들어갈 확률도 자연히 높아진다. 2016년 '연말점보'의 1등 당첨률은 약 2,000만 분의 1이었다. 단순히 생각해서 4,000만 장이 팔렸다고 치면 1등이 두 명이라는 말이다.

 하지만 사실 이렇게 단순하지는 않다.

 팔린 복권의 매수가 늘어나는 만큼 당첨되는 복권의 수도 늘어나는데, 다른 판매처보다 니시긴자 찬스 센터에 당첨 복권이 많이 들어가리라는 법은 없기 때문이다.

 참고로 우리는 '낮은 확률은 과대평가하고, 높은 확률은 과소평가'하는 경향이 있다. 즉, '100% 괜찮다'는 말을 들으면 마음을 놓지만 '99% 괜찮다'는 말을 들으면 '남은 1%의 리스크'를 신경 쓰게 된다.

99%와 1%를 놓고 보면 99%가 압도적으로 확률이 높은데도 말이다.

확률이 0.5%이든 0.1%이든 마찬가지다. 0% 확률이 아닌 이상 리스크를 신경 쓰게 된다.

복권을 살 때도 사람들은 낮은 확률을 과대평가한다. 당첨되지 않을 확률이 높지만 당첨이 될지도 모르는 낮은 확률에 기대를 건다. 꿈을 산산조각내지 말라고 버럭 하는 사람이 있을지도 모르지만, 확률을 따질 때는 이런 관점에서 생각할 줄도 알아야 한다.

특정보건용식품은 정말로 몸에 좋을까?

• 체지방이 신경 쓰이는 사람에게

• 혈압이 높은 사람에게

• 혈당치를 낮춰주는

• 내장 지방을 줄여주는

• 속을 진정시켜주는

슈퍼나 편의점에 가면 위와 같은 문구가 적힌 상품이 심심치 않게 눈에 띈다. 이제 체형을 신경 써야 하는 나이인 내가 상품을 고르는 기준 중 하나이기도 하다.

일본에서 이런 캐치프레이즈를 많이 접하게 된 것은 기존의 '특정보건용식품'과 함께 2015년 4월부터 '기능성표시식품제도'가 시행되면서부터다. 일본의 '특정보건용식품'과 '기능성표시식품제도' 모두 건강에 민감한 소비자를 겨냥한 알기 쉬운 캐치프레이즈가 붙어 있는데 표시 규칙은 각각 다르다.

먼저 특정보건용식품에 대해 알아보자. 특정보건용식품은 판매 업체가 건강 효과에 대해 나라에 과학적 근거를 제시해야 한다. 심사를 거쳐 유효성과 안전성이 인정되면 '특정보건용식품 상품'으로 홍보할 수 있다. '특정보건용식품 마크'도 붙는다.

그렇다면 '기능성표시식품'은 무엇일까? 기능성표시식품은 영양보조식품, 가공식품, 채소 등 신선한 식료품을 대상으로 한다. 판매하기 전에 가이드라인에 따라 안전성과 기능성의 근거에 관한 자료를 소비자청 장관 앞

機能性表示食品

특정보건용식품과 기능성표시식품 마크

에 신고해야 한다. 신고가 수리된 날로부터 60일 이후에 판매할 수 있다. 소비자청이 개별 상품에 허가를 내리는 것이 아니라 어디까지나 '사업자의 책임'에 따라 과학적 근거를 바탕으로 한 기능을 표시한 식품이다.

기능성표시식품제도는 '식품의 기능을 알기 쉽게 표시해 상품의 선택지를 늘리고 소비자가 올바른 상품 정보를 바탕으로 상품을 선택할 수 있게 하자'는 취지에서 시행되었다.

이때 식품의 기능을 '알기 쉽게 표시'한다는 것은 '내장 지방을 줄여주는', '안 좋은 속을 진정시켜주는'과 같은 캐치프레이즈를 말한다.

소비자청은 추가로 이런 설명을 덧붙인다.

'기능이 표시된 식품을 구입할 때는 캐치프레이즈뿐만 아니라 포장에 적힌 표시도 제대로 확인합시다!'라고 말이다.

즉 '소비자 여러분, 상품을 고를 때는 한눈에 알 수 있는 캐치프레이즈를 참고하세요. 하지만 효능은 각 업체가 제시하고 있으니 직접 확인하세요'라는 뜻이다.

기능성표시식품을 비난하려는 것은 아니다. 다만 상점에 진열된 '알기 쉬운 캐치프레이즈'를 내건 상품이 특정보건용식품인지 기능성표시식품인지를 구별할 줄 아는 지혜가 필요하다는 취지에서 설명했다. 두 식품의 차이를 알면 소비자로서 더욱 현명한 선택을 할 수 있다.

'칼로리 제로'도 살찐다

칼로리가 제로!

무척 직관적이어서 알기 쉽다.

그런데 사실은 '제로'가 아닐 수도 있다.

일본 건강증진법의 영양 표시 기준에 의하면 $100mL$

당 5$kcal$ 이하일 경우 '칼로리 제로' 또는 '논칼로리'라고
표시해도 된다고 명시되어 있다.

즉 '칼로리 제로'라고 적혀 있지만 사실은 칼로리를 조
금씩 섭취하고 있다는 뜻이다. 또한 100mL당 20$kcal$ 이
하일 경우에는 '칼로리 오프' 또는 '저칼로리'라고 표시
해도 된다고 명시되어 있다. '칼로리 오프' 음료 500mL
를 마시면 대략 100$kcal$를 섭취하는 셈이다. 참고로
100$kcal$는 20분을 걸어야 겨우 소모된다. 칼로리 표시
방식을 알아두면 '알기 쉬움의 함정'에 빠지는 위험을
피할 수 있다(한국의 경우 식품영양표시제 규정상 '칼로리
제로'는 100mL당 4$kcal$ 미만, '저칼로리'는 100mL당 20$kcal$
미만으로 일본 기준과는 조금 차이가 있다 – 옮긴이).

3,000mg은 많을까, 적을까?

여기에서 질문 하나. 당신은 영양 드링크를 사려고 한
다. 매장 진열대에는 두 종류의 드링크가 진열되어 있다.

당신은 어느 쪽을 집을 것인가?

• 타우린 3,000mg 함유
• 타우린 3g 함유

3,000mg이라고 하니 왠지 모르게 효과가 있을 듯도 하다.

하지만 사실 타우린의 양은 양쪽 모두 같다.

1mg은 1g의 1,000분의 1이다. 즉 3,000mg은 3g이다.

'타우린 3,000mg'

'콜라겐 10,000mg'

숫자는 자릿수가 클수록 임팩트가 있다. 눈에 들어오는 숫자 단위가 크면 왠지 효과도 더 클 것만 같다.

판매자도 이런 소비자의 심리를 알기 때문에 숫자를 십분 활용한 이미지 전략을 전개한다. 그러니 임팩트 있는 숫자를 보면 와 닿는 익숙한 단위로 바꾸어 생각하자. 일단은 '1,000mg은 1g'이라는 사실, 잊지 말자.

생각보다 적은 '양상추 한 통 분량의 식이섬유'

어느 대형 우동 체인점에 갔더니 테이블에 이런 글귀가 적힌 안내판이 세워져 있었다.

우동 한 그릇에 양상추 한 통 분량의 식이섬유!

이 가게는 장장 5년이라는 시간을 들여 식이섬유가 함유된 우동을 개발했다고 한다. 식이섬유의 중요성이 대두되고 있는 만큼 인기가 있을 듯하다.

'양상추 ○통 분량의 식이섬유'라는 말은 식이섬유를 전면에 내세운 식품의 광고에 자주 쓰이는 표현이다.

'양상추 다섯 통 분량', '양상추 열 통 분량'이라는 말을 들으면 우리의 머릿속에는 직관적으로 양상추 그림이 떡 하니 떠오른다.

그렇다면 식이섬유를 강조할 때 양상추를 기준으로 삼는 이유는 무엇일까?

양상추에 함유된 식이섬유가 생각보다 적기 때문이다.

양상추 100g에 함유된 식이섬유는 1.1g이다. 토마토와 별반 다르지 않은 수치다. 그러고 보면 토마토에는 식이섬유가 풍부하다는 이미지가 없지 않은가?

그런데 양상추는 토마토와 비슷한 양의 식이섬유를 함유하고 있는데도 식이섬유가 풍부하다는 이미지가 있다.

양상추 한 통은 약 500g이니까 양상추 한 통에는 약 5.5g의 식이섬유가 함유되어 있는 셈이다. 성인 남성에게는 하루에 19g, 여성에게는 17g의 식이섬유가 필요하다고 하니 양상추 한 통을 먹으면 하루에 필요한 식이섬유 중 3분의 1을 섭취할 수 있다. 이를 충분한 양으로 볼지는 각자의 식생활에 달렸다. 참고로 양상추와 마찬가지로 식이섬유가 풍부할 것 같은 이미지를 풍기는 우엉은 100g당 6.1g의 식이섬유를 함유하고 있어서 양상추보다 무려 여섯 배나 함유량이 많다.

식이섬유를 이야기할 때 양상추를 예로 드는 이유는 비유가 알기 쉽기 때문이다.

'이거 한 잔 마시면 말린 무 25g 분량의 식이섬유'

이렇게 표현하면 비유가 어색해 고개를 갸웃하게 된다.

양상추의 '식이섬유가 풍부할 것 같지만 의외로 조금 함유되어 있다'는 점이 광고에 쓰기 안성맞춤이었는지도 모른다. 그렇다고 해서 양상추가 안 좋은 채소라는 말은 아니다. 나 역시도 즐겨 먹는 채소다. 다만 양상추를 먹으면서 지나치게 식이섬유를 기대하지는 말자는 뜻이다.

비유 이야기를 하나만 더 하려고 한다.

레몬 50개 분량의 비타민C!

일본에서 비타민C의 양을 레몬으로 나타내기 시작한 것은 1987년에 일본 농림수산성이 정한 가이드라인 때문이다(가이드라인에는 '레몬 1개는 비타민C $20mg$'으로 표기되어 있다).

따라서 '레몬 50개 분량'이라고 표시된 음료에 포함된 비타민C는 $1,000mg$, 즉 $1g$이다.

여담이지만 레몬은 신맛이 강하므로 당연히 비타민C에서 신맛이 날 것이라 대부분 생각한다. 하지만 레몬에서 나는 신맛은 사실 비타민C가 아니라 구연산 때문이다.

'그 사람 말이라면 틀림없어'라는 착각

그 사람은 유식하고 말도 잘하니 틀린 게 없을 거야.

이렇게 생각하고 의사결정을 내린 적은 없는가?

의사결정을 할 때 누군가에게 의존하는 현상을 사회심리학자 오카모토 고이치^{岡本浩一}는 '속인 사고'와 '속사 사고'라는 말로 설명했다.

속인 사고는 '권위가 있는 사람이 하는 말이니까 옳을 거야', '저 사람은 틀린 말을 하지 않아'처럼 옳고 그름의 기준이 '사람'에 맞추어져 있는 사고 유형이다.

한편 속사 사고는 어떤 일을 시시비비 가리려고 한다. 즉 누가 하는 말이든 그 내용이 정말로 옳은지를 직접 확인한 다음 판단하려는 사고 유형이다.

일본인 중에는 '속인 사고'를 하는 사람이 많다고 한다.

좋아하는 사람이 하는 말은 맞는 말일 것이라고 고개를 끄덕이고, 싫어하는 상사가 하는 말은 맞는 말이라 해도 못마땅하게 들리는 이유다.

하지만 속인 사고가 마냥 나쁜 것은 아니다. 누구든 존경하는 사람이나 신뢰하는 사람이 하는 말을 믿기 마련이다. 다만 '속인 사고'와 '속사 사고'라는 단어를 알고 있으면 판단 기준이 늘어나 냉정하게 바라볼 수 있다.

인터넷 검색하면 바보 된다

이 가게, 맛있을까?

거기까지 어떻게 가지?

어떻게 쓰는 거였더라?

모를 때는 인터넷 창에 검색하면 바로 답이 나온다.

스마트폰이 널리 쓰이면서 무엇이든 인터넷에 검색해 답을 구하려는 경향은 더욱 또렷해졌다. 인터넷상에는 필요한 정보를 일목요연하게 정리해주는 사이트도 있다.

2015년 예일대학교의 매튜 피셔Matthew Fisher 연구팀이 미국의 국제 학술지에 이에 관한 연구 결과를 발표했다.

'인터넷으로 정보를 검색하다 보면 자신의 지식이 실제보다 풍부하다고 착각한다'는 내용이다.

인터넷에 검색해서 얻은 지식을 자신이 원래 지니고 있던 지식인 양 착각한다는 말이다. 이런 현상은 특히 젊은 세대에게서 두드러진다.

연구 팀은 "정확한 지식을 익히기란 결코 쉬운 일이 아닌데, 인터넷 검색을 사용하면 정확한 지식을 익히기가 한층 어려워진다"고 덧붙였다.

또한 2011년 컬럼비아대학교의 심리학자 벳시 스패로 Betsy Sparrow는 〈구글이 우리 기억에 미치는 영향〉이라는 논문을 발표했다.

실험에서는 피험자에게 특정 문장을 보여주고, 일정 시간이 지난 뒤에 피험자가 그 내용을 얼마나 많이 기억하고 있는지 테스트했다.

피험자를 두 그룹으로 나눈 다음 첫 번째 그룹에는 '이 문장은 나중에 인터넷에서 확인할 수 있다'고 말했고, 두 번째 그룹에는 특별한 말 없이 테스트를 진행했다. '나중에 확인할 수 있다'고 설명해준 그룹은 테스트 성적이

현저히 낮았다.

스패로는 실험을 통해 "인간의 뇌는 직접 외우지 않고 누군가에게 물으면 알 수 있는 일은 기억하려고 애쓰지 않는다"는 결론을 내렸다. 심리학에서는 이를 '분산 기억'이라고 부른다. '누군가에게 물으면'이라는 말에서 '누군가'가 바로 '인터넷 검색'인 셈이다.

또한 우리는 인터넷상에서 검색한 뒤에 검색한 내용을 기억하는 것이 아니라 '인터넷에서 검색하면 알 수 있다'는 사실을 기억한다. 인터넷이 기억의 외부 저장장치가 되는 셈이다. 필요할 때 인터넷에서 끄집어내면 된다고 생각하는 것이다. 물론 인터넷 검색은 유용한 정보 저장 수단이지만, 대화 상대가 눈앞에 있는데 대화 도중에 검색에 몰두할 수는 없는 노릇이다.

마지막으로 인터넷 검색을 할 때는 '검색어'에 유의해야 한다.

검색할 때는 보통 자신이 아는 단어로 검색을 한다. 즉 아는 어휘가 적을수록 검색 결과의 폭은 좁아진다. 단어를 입력하고 검색을 하면 일단 검색 결과가 모니터에 표시된다. 하지만 검색 결과의 진위는 확실하지 않다. 어쩌면 내가 아는 검색어로 검색한 내용이 거짓투성이 정보일지도 모른다.

인터넷 검색은 무척 편리한 수단이다. 그렇기에 단점이 있다는 사실을 명심하고 지혜롭게 다뤄야 한다.

'인 것 같아요'를 믿지 마라

세상에는 정치, 경제, 환경, 영토, 대인 관계 등 다양한 문제가 있다.

나는 텔레비전 방송에 출연해 해설하고 의견을 이야기하는 일을 하고 있다. 옛날에는 뉴스에 대해 자신의 의견을 피력하는 일은 매스미디어 종사자들로 한정되어 있었다.

하지만 지금은 블로그, SNS 등 인터넷상에서 누구든지 해설자로서 자신의 의견을 이야기한다.

그런데 인터넷에서 자신의 의견을 이야기할 때 말끝마

다 '인 것 같아요'를 입버릇처럼 붙이는 사람이 있다.

바로 이 '인 것 같아요'를 조심해야 한다. '인 것 같아요'라는 말이 들어간 내용은 이른바 전문 정보로, 글쓴이가 직접 조사한 정보가 아니라 소문으로 들은 정보다. 전문 정보는 대개 글쓴이가 정보의 진위를 확인조차 하지 않고 올리는 경우가 많고, 정보의 진위에 대해 책임도 지지 않으려 한다. 그러니 '인 것 같아요'라는 말이 나오면 일단 그 정보는 냉정히 되짚어보아야 한다.

그렇다면 특정 정보가 사실인지 아닌지 확인하려면 어떻게 해야 할까.

당사자를 직접 취재하거나 1차 정보로 거슬러 올라가야 한다.

예를 들어 1차 정보가 '과학 뉴스'라는 사실을 안다면 정보의 출처가 어디인지 인터넷으로 검색해보자. 정보가 신뢰할 수 있는 과학 잡지 《네이처》나 《사이언스》에 실렸는가? 그렇다면 어느 호에 실렸는지를 알아내 기사도 찾아서 읽어보자. 이렇게 확인하면 비로소 발신해도 문제없는 정보다.

앞으로도 '인 것 같아요' 정보에는 특히 주의를 기울이자. 인터넷에서 자주 볼 수 있는 '미디어가 보도하지 않는 ○○'이라는 표제어에 혹하는 사람이라면 특히 조심해야 한다.

—

"인간의 언어는 유리한 것이나 해로운 것,
올바른 것과 그렇지 못한 것을
분명하게 구분하기 위해 존재한다."

_아리스토텔레스Aristotle

—

6장

마음에 와 닿는
문장 만들기 연습 3

'전했다'와 '전해졌다'의 사이

당신의 커뮤니케이션은 '전했다'인가?

아니면 '전해졌다'인가?

'전했다'와 '전해졌다'는 언뜻 비슷해 보이지만 다르다.

'전했다'는 혼자만의 행위, 이른바 일방통행이다. 한편 '전해졌다'는 자신이 '전한' 다음 상대가 어떤 액션을 취하는 행위까지를 가리킨다.

내가 '전했다'고 생각해도 상대방이 내 말을 이해하고 행동으로 옮기지 않으면 '전해졌다'가 되지 않는다. 이렇게 '전했다'와 '전해졌다' 사이에는 커다란 틈이 있다.

'분명히 말했는데 왜 이해를 못하지?'

이런 고민을 해본 적 있는 사람이라면 '전했다'와 '전해졌다'의 사이 어딘가에서 헤매고 있는 것일지도 모른다.

이번 장에서는 상대에게 그림을 잘 그려줄 수 있는 노하우를 트레이닝해보자.

트레이닝 1. 굳은 두뇌 깨우기

이 책을 구성한 방송작가 사가노 고이치는 초등학생을 대상으로 작문 교실을 운영하고 있다. 작문 교실 프로그램 중에 '프로필 퀴즈 만들기'라는 활동이 있는데, 다섯 가지 프로필 문장을 듣고 문장들이 나타내는 사물이 무엇인지 맞히는 활동이다. 다음 퀴즈의 답이 무엇일지 상상하며 머릿속에 '그림'을 그려보자.

프로필 1: 저는 하얗습니다.

프로필 2: 저는 초등학생과 사이가 좋습니다.

프로필 3: 저는 차가워지기도 하고 딱딱해지기도 합니다.

프로필 4: 제 부모님의 버릇은 '음매!'입니다.

프로필 5: 저는 코에서 나올 때도 있습니다.

이 다섯 가지 프로필에서 무엇을 도출할 수 있을까?

정답은 바로 '우유'다.

우유는 급식으로 자주 나오기 때문에 초등학생과 사이가 좋다고 표현할 수 있다. 차가워지기도, 딱딱해지기도 한다는 점은 아이스크림이나 치즈가 될 수 있는 우유의 특징을 나타낸다. 굳이 설명할 필요도 없을 것 같지만 '음매!'는 소의 울음소리다.

그렇다면 두 번째 문제다.

프로필 1: 저는 옛날에 약으로 쓰였어요.

프로필 2: 제 이름을 한자로 하면 '甘蕉(감초)'예요.

프로필 3: 제 이름을 쓰는 개그 콤비가 있어요.

프로필 4: 제 피부 때문에 미끄러질지도 몰라요.

프로필 5: 저는 몸이 하얗고 노란 옷을 입고 있어요.

위의 다섯 가지 프로필에서 도출할 수 있는 답은 바로 '바나나'다.

바나나는 영양가가 높아서 옛날에는 약처럼 쓰였다고 한다. 지식이 풍부한 편에 속하는 초등학생은 '프로필 1' 만 보고 '초콜릿, 카카오'라고 답하기도 한다. 참고로 '프로필 3'에 나오는 일본의 개그 콤비는 '바나나맨'이다.

이어서 세 번째 문제다.

프로필 1: 저는 에도시대 때부터 쓰이기 시작했어요.

프로필 2: 저는 70년 전에는 10엔에 팔렸어요.

프로필 3: 제 이름은 네덜란드어에서 왔어요.

프로필 4: 최근에 다양한 색깔의 친구가 늘었어요.

프로필 5: 초등학생이 저를 어부바해준답니다.

위의 다섯 가지 프로필에서 도출할 수 있는 답은 바로 '란도셀ランドセル'이다.

란도셀은 에도시대에 처음으로 일본에 들어왔다. '란도셀'이라는 말은 네덜란드어 '란셀ransel'에서 유래했다. 옛날에는 빨강과 검정 두 가지 색밖에 없었는데, 요즘 출시되는 란도셀은 파란색, 분홍색, 초록색 등 무척 컬러풀하다.

당신 안에 잠든 상상력을 깨워라

문장을 보고 이미지를 부풀려보는 트레이닝, 결과는 어땠는가? 굳었던 머리가 풀리기 시작했다면 다음 문제로 넘어가자.

이번에는 조금 전과는 반대로 단어 하나를 보고 이미지를 부풀리는 트레이닝이다.

프로필 퀴즈를 직접 만들어보는 활동이다.

❶ 정답을 정한다.

❷ 정답에서 연상되는 키워드를 적는다.

❸ 키워드를 바탕으로 프로필 문장을 생각한다. 더 좋은 표현은 없을지 고민해본다.

❹ 프로필 문장 다섯 개를 어떤 순서로 제시하면 좋을지 생각한다.

❺ 문장을 깨끗이 적는다.

퀴즈를 만들 때는 '사각사각 노트'를 활용한다.

'사각사각 노트'로 프로필 퀴즈 만들기

상대: 친구 / 어려운 퀴즈 만들기

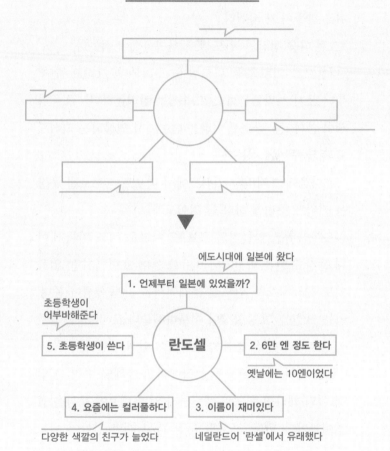

에도시대에 일본에 왔다

1. 언제부터 일본에 있었을까?

초등학생이
어부바해준다

5. 초등학생이 쓴다

란도셀

2. 6만 엔 정도 한다

옛날에는 10엔이었다

4. 요즘에는 컬러풀하다

3. 이름이 재미있다

다양한 색깔의 친구가 늘었다

네덜란드어 '란셀'에서 유래했다

앞서 나온 란도셀 문제를 직접 만든다고 상상해보자.

먼저 맨 위 공란에 목표를 적는다. 지금 목표는 '어려운 퀴즈 만들기'가 되겠다.

그런 다음 정답인 '란도셀'을 한가운데에 적는다.

다음으로 머릿속에 '란도셀'을 그려본다. 그리고 '언제부터 쓰기 시작했을까?', '요즘에는 컬러풀하다', '초등학생이 쓴다' 등 '란도셀'이라는 단어에서 연상되는 키워드를 정답 주변에 적는다.

그 다음에는 각각의 키워드에서 떠오르는 프로필 문장을 키워드 주변에 하나 둘 적어보자.

프로필 퀴즈 만들기의 목표는 '어려운 퀴즈 만들기'이니 문장 표현을 바꾸거나 비유를 들어 표현할 수는 없을지도 생각해보자. 란도셀 문제에서는 '초등학생이 쓴다'라는 표현을 '초등학생이 어부바해준다'로 바꿨다. 참고로 프로필 문장은 충분히 설득력이 있어야 한다.

또한 다섯 개의 프로필 문장에서 도출해낼 수 있는 답이 여러 개라면 퀴즈로 성립하지 않기 때문에 문장을 곱씹어보아야 한다. 프로필 문장 다섯 개만 만들어 봐도 다양한 관점에서 바라보는 힘을 기를 수 있다.

이 단계까지 왔다면 이제 완성이 코앞이다.

프로필 문장 다섯 개를 어떤 순서로 제시하면 상대방이 어렵게 느낄지 생각하며 문장의 순번을 매기자.

마지막으로 깨끗한 종이에 프로필 문장을 차례대로 적으면 완성이다.

누구나 쉬운 문장을 쓸 수 있다

프로필 퀴즈 트레이닝을 소개한 이유는 무엇일까?

이미지와 말을 교차시키는 훈련은 문장을 잘 쓰는 데에 효과 만점이기 때문이다.

글이 서툰 사람은 '무슨 말을 어떻게 쓰면 좋을지 모르겠다'고 고민한다.

원고지를 앞에 두면 몸이 경직된다.

아이들 중에는 '원고지 두 장은 넘게 써야 해!'라는 학교 선생님의 말에 부담감을 느껴 더욱 전전긍긍하는 경우도 많다.

이런 고민에 사로잡히는 이유는 글을 갑자기 쓰려고

하기 때문이다.

글의 방향성이 잡히지 않은 상태에서 무작정 쓰려고
하니 무슨 내용을 써야 할지 고민스러울 수밖에 없다.
그 결과 생각나는 대로 장황하게 쓰게 되고 결국 감상문
같은 글이 된다.

먼저 '무엇을 쓰면 좋을지 모르겠다'는 고민의 씨앗을
없애야 한다. 그러려면 앞서 퀴즈를 만들 때 쓴 '사각사
각 노트'를 활용해보자.

예를 들어 '운동회의 추억'을 주제로 작문을 한다고 치자.

❶ 운동회에서 인상적이었던 단어를 적는다.

  - '달리기', '계주', '댄스', '응원', '도시락' 등.

❷ 각각의 단어에서 생각나는 에피소드나 당시의 심경을 적는다.

  - '계주'가 키워드라면 '선수로 뽑혀서 기뻤다', '연습에서는 줄곧 꼴
    찌였다', '오늘 아침에 아빠랑 연습했다', '진짜 경기에서 1등을
    해서 좋았다' 등이 있겠다.

❸ 네모 칸에 적은 키워드를 비교해보며 문장의 순서를 생각한다.

  - 가장 인상적이었던 에피소드를 1번으로 끌어온다.

❹ 키워드로 가득 찬 '사각사각 노트'를 보면서 문장을 깨끗이 정돈한다.

- 글을 쓸 순서를 확인하면서 적으면 OK다.

글쓰기를 어려워하는 사람은 머릿속의 막연한 그림을 어떤 내용부터 풀어내야 좋을지 고민한다.

그러니 머릿속에 있는 그림(지금은 '운동회의 추억')을 일단 초고 형태로 바깥으로 끄집어낸 다음 키워드를 보며 머릿속을 깨끗이 정리하자. 그런 다음 '운동회의 추억'에 관한 뼈대와 형태, '밑그림'을 차근차근 그려나가면 된다.

이른바 '초고'와 '구성'이라는 작업이다.

참고로 방송작가 사가노 고이치의 작문 교실에서는 글을 쓰기 전에 머릿속을 정리하는 '초고'의 중요성을 가르친다. 이것이 그림을 그려주듯 전달하기 위한 '밑그림' 작업이 될 수 있을 것이다.

트레이닝 2. 단 하나뿐인 캐치프레이즈 만들기

작문 교실에서 쓰는 수업 내용 중에서 머릿속에 그림을 그리는 트레이닝을 하나 더 소개한다. 주제는 '불가사의한 단어 사용하기'이다.

❶ 상자에서 카드 몇 장을 뽑는다.
  카드에는 '파란', '멜론', '사과', '붕어빵', '청소기', '테이블'과 같은 키워드가 적혀 있다.
❷ 손에 쥔 키워드를 짜 맞춰 새로운 단어를 만든다.
❸ 새로 만든 단어를 설명할 문장을 생각한다.

예를 들어 '멜론 청소기'라는 단어를 만들었다면 '멜론 청소기'가 무슨 뜻일지 상상하면서 머릿속으로 멜론 청소기에 관한 '그림'을 그린다. 그런 다음 내가 만든 '멜론 청소기'가 어떤 물건인지 상대에게 알기 쉽게 전할 수 있는 설명문을 생각한다.

이를테면 '멜론을 수확할 때 사용하는 커다란 청소기.

다 수확한 멜론은 상자에 담겨 나온다'처럼 말이다.

이제 다음 키워드를 짜 맞춰 '불가사의한 단어'를 만들어보자.

현미, 스테이크, 무, 체리, 경찰, 청소기, 컴퓨터,

빨간, 파란, 노란, 할아버지, 할머니, 소녀, 아이,

선술집, 고층빌딩, 신사, 볼링, 귀마개, 관광버스,

미국, 프랑스, 텔레비전, 소방차, 리모컨, 미니카

어떤가?

직접 만든 '불가사의한 단어'의 '그림'이 머릿속에 그려지는가?

불가사의한 단어의 그림을 그렸다면, 당신의 머릿속에 있는 그림을 상대방에게 어떤 문장으로 설명하면 좋을지 생각해보자. 이 세상에는 없지만 당신이 만들어냈으며 당신의 머릿속에만 있는 단어다. 이를 상대에게 전하려면 어디에서부터 어떻게 설명해야 좋을지 상상력과 구성 능력을 동원해보자.

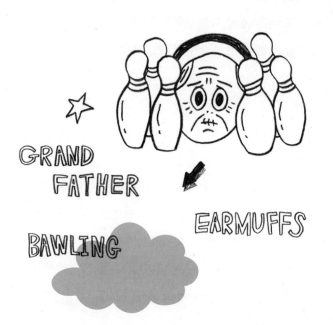

'체리 관광버스 소녀', '할아버지 볼링 귀마개'
어떻게 설명할 수 있을까?

지금 소개한 트레이닝은 캐치프레이즈나 신상품의 이름을 정할 때처럼 이 세상에 없는 새로운 단어를 만들어낼 때 유용하다. 좋은 아이디어가 떠오르지 않을 때 부디 활용해보길 바란다.

트레이닝 3. '액티브 러닝'으로 '명쾌함' 가르치기

'액티브 러닝'이라는 말을 들어본 적이 있는가?

일본 문부과학성이 도입하기 위해 힘을 쏟고 있는 교육 방법이다.

'능동적 학습'이라고도 부른다. 액티브라는 단어가 주는 느낌 때문에 '활동적인 학습'을 떠올릴지도 모르지만 활동적인 학습과는 거리가 있다.

그렇다면 액티브 러닝이란 무엇일까?

학창 시절에 들었던 수업을 떠올려보자.

선생님이 교단에 서서 교과서를 읽는다. 당신과 친구들은 조용히 선생님의 말을 들으면서 칠판에 적힌 글자를

노트에 베껴 적는다. 보통은 이런 수업 풍경이 아니었을
까? 기존의 수업은 교사가 일방적으로 전달하는 교육 방
식이다. 수업을 듣는 아동과 학생은 수동적이다.

아동과 학생이 수동적인 태도에 머무르지 않고 주체적
으로 수업에 참여하게 하려는 취지에서 생긴 교육 방법
이 바로 액티브 러닝이다.

수동적인 태도에 머무르지 않고 학생이 스스로 생각
하고 정리해 친구들 앞에서 발표하는 활동은 기존 수업
에서도 찾아볼 수 있었다. 액티브 러닝은 기존 수업에서
활동의 비중을 더욱 늘려 사고력, 판단력, 표현력, 주체
성, 협동심을 기르고자 한다.

어려서부터 토론과 프레젠테이션 경험을 쌓으면 상대
방에게 명쾌하게 전하는 힘이 쑥쑥 길러진다. 명쾌하게
전하려면 먼저 적극적으로 커뮤니케이션을 취할 줄 알
아야 한다.

내가 초등학교 시절 2년 동안 미국에서 지낼 때의 일
이다.

미국에서 들었던 수업은 액티브 러닝 그 자체였다. "오늘은 돌고래에 대해 공부해볼 거예요. 여러분은 돌고래를 본 적이 있나요?" 선생님이 이렇게 말하면 아이들이 너나 할 것 없이 손을 들고 수업에 참여했다.

"그럼 돌고래에 대해 아는 게 있나요?" 이어서 선생님이 이렇게 질문하면 아이들이 돌고래에 대한 개인적인 기억과 알고 있는 내용을 이야기한다.

도감을 가져와 돌고래가 나오는 부분에 적힌 내용을 발표하는 아이도 있었다. 선생님이든 아이들이든 상관없이 돌고래에 대해 질문하고 답을 모색했다. 그야말로 참여형 수업이었고 학생이 주체가 되는 수업이었다.

학급 전체가 왁자지껄한 수업이었기 때문에 나에게도 말할 기회가 주어졌다. 머릿속에 있는 지식과 단어를 누군가에게 이야기하려면 처음에는 꽤 용기가 필요하다.

그런데 머릿속에 있는 지식과 단어는 실제로 사용해봐야 진짜 내 것이 된다.

아웃풋 경험을 쌓으면 어떤 상황에서 어떤 정보와 단어를 말하면 좋을지가 감각적으로 훈련이 되기 때문이다.

아이의 적극성을 키우는 비결

액티브 러닝의 열쇠를 쥐고 있는 존재는 바로 교사다.

학생들이 적극적으로 토론과 프레젠테이션에 참여하는 액티브 러닝의 본질은 자유분방한 수업 분위기에서 교사가 자신의 지식과 교과서 내용을 아이들에게 얼마나 흡수시키느냐에 있기 때문이다.

교사는 아이들이 자유롭게 이야기하는 와중에 수업에서 반드시 강조해야 하는 내용을 명확히 전달해야 한다. 어떤 타이밍에 어떤 방법으로 전하면 좋을까? 교사는 어떤 상황에든 대처할 수 있도록 빈틈없이 수업을 준비해야 한다.

그야말로 교사의 역량이 시험대에 오르는 셈이다.

국회의 대정부질문에서처럼 '너는 이쯤에서 질문을 하고, 너는 이렇게 대답하는 거야' 하고 주고받으면 아무런 의미가 없다. 기존 수업에서는 교사가 수업의 완급을 조절했다. 그런데 다양한 의견이 오가는 수업에서는 돌발변수가 많기 때문에 수업을 이끌어가는 교사의 부담이 커진다.

또한 교사들은 종전보다 더 아이들의 개성을 존중해 줄 필요가 있다. 너도나도 의견을 내놓는 수업에서는 자신의 의견을 확실히 표현할 줄 아는 아이가 역량을 발휘하기 때문이다. 맞든 틀리든 적극적으로 발언할 줄 아는 아이도 마찬가지다.

하지만 모든 아이가 그렇지는 않다.

말하는 데 소극적인 아이도 있고, 자신의 발언을 부정당하면 상처받는 아이도 있다. 이런 아이들을 어떻게 이끌어가면 좋을까. 액티브 러닝 도입의 이면에는 교사가 풀어야 할 숙제도 적지 않다.

어른의 말이 아이의 재능을 망친다

유명한 생물학자에게 들은 이야기다.

그는 어릴 적에 다음 수식을 이해하지 못했다고 한다.

$$2X-X=X$$

다음과 같이 생각했다는 것이다.

'2x-x=2. 2x에서 x를 빼버리면 2가 남잖아.'

그런데 학교 선생님은 그를 이렇게 나무랐다고 한다.

"바보야! $2x-x=x$야!"

이렇게 무턱대고 '바보'라고 나무라면 곤란하다.

수학 수업에서는 생물학자의 어린 시절 생각이 틀렸다고들 가르친다.

하지만 때에 따라서는 이 생각이 정답일 수 있다.

특수한 분야이긴 하지만 컴퓨터 언어를 처리하는 과정에서는 $2x$에서 x를 빼면 2가 되기도 한다. 컴퓨터 언어에서는 2도 x도 단순한 기호이기 때문에 전혀 이상할 것이 없다.

그렇다면 우리는 왜 '$2x-x=x$'가 옳고 '$2x-x=2$'는 틀렸다고 생각할까?

'이 식은 이렇게 계산해야 한다'라는 규칙을 배웠기 때문이다.

아이들이 왜 그런 생각을 했는지 생각해보고 '그런데 말이야, 이 경우에는 이렇게 하는 거란다' 하고 가르치면 좋지 않을까.

참고로 수학자이자 교육자인 도야마 히라쿠遠山啓는 이런 대수代数 문제에 대해 "x를 단순한 기호가 아니라 상자라고 생각해보자. 이 상자에 다양한 숫자가 들어가는 거야. 상자가 두 개 있는데 그중 하나를 빼버리면 다른 하나만 남지?" 하고 설명한다고 한다.

무척 이해하기 쉽다. 아이들에게는 선생님의 한마디도 크게 느껴지기 마련이다. 그 한마디로 인해 산수, 수학 모두를 좋아하게 될 수도, 싫어하게 될 수도 있다.

'알기 쉽게'로 인생을 바꾸자

지금까지 '알기 쉽게 말하는 기술'을 소개했다.

내가 말을 하는 입장이든 전달받는 입장이든 언제나 대화 상대는 존재한다.

그러니 대화를 나눌 때는 상대방이 이해할 수 있는 말로 전해야 한다는 점을 명심하자.

그리고 상대방이 머릿속에 '그림'을 잘 그릴 수 있도록 상대방의 상상력을 자극하는 말로 이야기를 전하자.

상대의 얼굴을 보면서 있는 그대로 말해보기도 하고 때로는 다르게도 표현해보자. 이런 과정을 자연스럽게 행동에 옮기려면 아는 식재료(어휘)와 레시피(표현 방법)를 늘려야 한다.

마지막으로, 말을 하기 전에는 잠깐 멈춰보자.

자신에게 약간의 시간적 '틈'을 주는 것도 알기 쉽게 말할 때의 중요한 노하우다. 오늘 누군가와 대화할 때부터 행동으로 옮겨보자.

TIP

글쓰기와 문장력, 전달력을 키우는 트레이닝 3

1. 특정한 사물을 소개하는 '프로필 퀴즈'를 만들어!

   이 책에 나오는 '사각사각 노트'가 도움이 될 거야.

2. 전혀 다른 단어를 조합해 새로운 사물을 만들어!

   그런 다음 사물에 대한 그럴싸한 설명을 만들어봐.

3. '액티브 러닝'으로 구성원의 적극적인 참여를 유도해!

   너도나도 의견을 말하면 토론과 발표의 능력이 상승해.

AI 시대, 어떻게 살아남을 것인가

2012년에 구글과 스탠퍼드대학교의 공동 연구 성과가 발표되었다.

연구 팀은 컴퓨터 1,000대에 유튜브 동영상에서 무작위로 추출한 이미지 1,000만 장을 3일 동안 학습시켰다.

그 결과 컴퓨터는 스스로 고양이를 인식하는 능력을 익히는 데에 성공했다.

사람이 컴퓨터에게 '이게 고양이야'라고 사진과 데이터를 가르친 것이 아니라, 컴퓨터가 알아서 유튜브의 방대한 이미지를 가지고 고양이의 특징을 학습해 이해한 것이다. 학습을 거듭하면 사진의 특징과 단어를 연관 지을 수도 있다.

이것이 바로 인공지능의 '딥 러닝' 기술이다.

'딥 러닝'은 '심층 학습'이라고도 한다.

말 그대로 데이터의 특징을 심도 있게 학습하는 기술을 뜻한다.

지금까지의 인공지능은 어떻게 학습해야 하는지, 무엇에 주목해야 하는지, 데이터를 어떻게 사용해야 하는지를 사람이 지시해야 했다. 하지만 딥 러닝 기술을 지닌 인공지능은 사물의 특징을 스스로 학습할 수 있다. 심지어 특징을 무척 정교하게 인식할 수 있기 때문에 사람의 목소리를 구분하고 카메라로 촬영한 사진을 분석하는 등 응용 가능성이 무궁무진하다. 방범 카메라의 영상을 분석해 인파 속에서 특정 인물을 찾아낼 수도 있다.

내가 진행을 맡고 있는 NHK의 교양 프로그램 〈사이언스 ZERO〉에서도 특집으로 딥 러닝을 다룬 적이 있다. 방송에서는 "인공지능이 단어를 가지고 추측해 이미지로 변환할 수 있게 발전했다"고 소개했다.

예를 들어 인공지능에게 '커다란 여객기가 잔뜩 흐린

하늘을 날고 있다'는 문장을 제시하면 인공지능은 회색 빛 구름을 배경으로 날고 있는 비행기 같은 물체의 모습을 그린다. 이렇게 인공지능은 인간처럼 문장과 단어를 바탕으로 상상하고 '그림'을 그릴 줄 아는 단계까지 진화했다.

또한 인공지능은 '그림'을 인식해 문장으로도 만든다.

그림 한 장이 있다고 치자. 인공지능은 그림 속 사물을 인식하고 각각의 사물을 '집', '산', '개'처럼 언어화할 수 있다. 그리고 '산 한가운데에 집이 있고, 집 앞에는 개가 있다'고 그림을 문장으로 표현할 수도 있다.

전 세계 사람이 교류하는 미래

인공지능이 진화해 문장을 그림으로, 그림을 문장으로 변환할 수 있게 되면 어떤 세상이 펼쳐질까?

자동 번역 기술이 더욱 진화할 것이다.

국어를 영어로 번역할 때, 우리는 국어 문장을 읽고 머릿속에 '그림'을 그린 다음 그 그림을 영어 문장으로 바꾼다.

인간은 이 과정을 무의식적으로 빠르게 수행한다. 그래서 머릿속에 그림을 그린다는 인식은 하지 못한다. 국어를 영어로, 즉 기호를 기호로 직접 변환하고 있다고 착각한다. 오늘날 우리가 사용하는 자동 번역은 기호를 기호로 직접 변환한다.

단어나 관용 표현을 단순히 기호로 변환하기 때문에 어색한 직역과 낯선 문장이 탄생한다.

문장을 그림으로, 그림을 문장으로 변환하는 기술이 더욱 발전하면 인공지능도 인간처럼 자연스럽게 번역할 수 있게 될 것이다. 기술이 더욱 정교해지면 직역이 아니라 의역도 가능하다.

자동번역은 2020년 도쿄 올림픽 때에도 여전히 실용화 단계에 있겠지만 착실히 진화를 거듭하고 있을 것이다.

15년 뒤에는 일본어, 영어, 중국어, 이탈리아어, 러시아어 등 다양한 언어를 사용하는 사람들의 대화가 동시통역되고 있을지도 모른다.

우리는 이런 시대에 살고 있다.

하지만 인공지능이 진정한 의미에서 인간을 따라잡으려면 여전히 넘어야 할 기술적 과제가 많다. 설령 번역을 하는 과정에서 그림을 그렸다고 쳐도, 인공지능 스스로가 그 사실을 '의식'하고 있지는 않기 때문이다. 물론 인간도 이 과정을 무의식적으로 수행하지만 현재의 인공지능에게는 무의식조차 존재하지 않는다. 그러니 의식적으로 그림을 그리는 일처럼 상상력을 발휘해 다채로운 문화를 창조하는 일은 여전히 인간의 전매특허다.

그래서 인공지능과 인간을 차별화할 '교양'이 무엇보다 중요하다.

조금 더 보태자면 상대에게 '알기 쉽게 전하는' 기술이야말로 앞으로 살아가는 데 유용한 무기가 될 것이다.

오늘부터 누군가와 이야기를 나눌 때 이 책의 기술을 사용해보자.

당신이 교양바보 티를 벗고 스토리텔러로 거듭난다면 글쓴이로서 더한 기쁨은 없을 것이다.

다케우치 가오루

대화의 기술, 포인트는 '명쾌함'이다!

어떻게 하면 말을 잘 할 수 있을까?

지식을 잘 전하려면 어떻게 해야 하지?

혹시 머릿속 생각을 남에게 명쾌하게 전하고 싶은데 뜻대로 되지 않아 답답했던 경험이 있지 않은가? 텔레비전 방송에서 박학다식함을 뽐내는 출연자를 보면서 감탄한 적은 없는가?

'교양 열풍'이 몇 년째 식을 줄 모른다. 다양한 분야의 지식을 다루는 팟캐스트가 입소문을 타면서 인기를 끌더니 지식에 대한 대중의 갈증을 해소해 주려는 듯 서점가와 방송가에도 '교양 콘텐츠'가 넘쳐난다. 특히 텔레비전 방송에서 자신의 지식을 알기 쉽고 흥미진진하게 전하는 출연자를 보고 있으면 '저 사람은 아는 것도 많고 말도 어쩌면 저렇게 잘할까?' 하고 내심 부럽기까지 하다.

이 책에서 이야기하는 '말 잘하는 사람'이란 지식을 단순히 암기하는 데 그치지 않고 지식을 자신의 것으로 소화해서 타인에게 맛깔나게 전할 수 있는 사람을 말한다.

이러한 '스토리텔러'의 자질은 메시지 전달력을 중요시하는 요즘 시대에 빼놓을 수 없는 능력이다. 사실 우리는 지금껏 지식을 쌓아 올리기 바빴을 뿐 정작 그 지식을 어떻게 하면 타인에게 명쾌하게 전할 수 있을지에 대해서는 무관심했다.

이미 국내에서 20여 권에 이르는 저서를 통해 과학 이야기를 재미있게 풀어내고 문과와 이과의 융합을 역설해 독자의 호평을 받은 저자이기에 '말 잘하는 기술'을 다룬 이 책이 더욱 흥미롭게 느껴진다.

저자는 '지식을 단순히 암기하는 데에 그치면 안 된다'며 명쾌하게 말하는 사람의 대화법과 잘못된 대화 유형

7가지를 살펴본다. 또한 상대방의 눈높이에서 명쾌하게 말하는 기술과 다른 이들의 '명쾌함'에 속지 않고 내실 있는 지식을 쌓는 비결을 소개한다.

이 책을 한국말로 옮기면서 특히 흥미로웠던 부분은 우리 사회에 넘쳐나는 '명쾌함의 함정' 사례들이었는데 예를 들면 '자사 기술의 우수성을 강조하는 그래프의 함정', '평균값의 함정', '칼로리 제로의 함정'과 같은 것이다. 저자는 누가 말했건 어디에서 들은 정보이건 정말로 옳은지 의문을 갖고 스스로 판단해야 한다고 말한다.

그러고 보니 얼마 전에 접한 〈한국, 스마트폰 사용률 세계 1위〉라는 제목의 기사가 생각난다. 미국의 시장 조사 기관 퓨리서치센터에서 2018년 6월에 발간한 보고서에 따르면 2017년에 한국은 스마트폰 사용률 94%로 조사 대상 39개국 중 1위였다. 인터넷 사용률 역시 96%로 압도적인 1위였다.

1위라고 해서 마냥 기뻐할 일은 아니다. 100명 중 94명이 스마트폰을 쥐고 산다는 우리는 과연 얼마나 똑똑하게 정보를 공유하는가? 진짜 정보, 가짜 정보, 일부만을 부각한 단편 정보가 인터넷상에서 뒤엉켜 판단을 흐리기 일쑤다. 급기야 2017년에는 서울대학교에서 '정보 소비자들의 공적 사안에 대한 지식과 이해의 증진에 기여'하고자 다수의 언론사와 협업해 'SNU팩트체크'라는 정보 서비스를 시작하기에 이르렀다.

이렇듯 자신이 지닌 지식을 상대방에게 알기 쉽게 전하려면 대화 기술을 익히는 것은 물론이고 넘쳐나는 정보를 똑똑하게 소화해 내실 있는 '교양'을 갖추어야 한다.

이 책을 통해 '교양인'이 늘어나면 그만큼 '지혜'가 늘어나 사회가 풍부해질 것이라는 저자의 믿음이 독자 여러분에게 충분히 전해졌으면 좋겠다. 그리고 이 책에 실린 대화 기술이 일상에서 타인과 명쾌하게 의사소통하는 데에 도움이 되길 바란다.

마지막으로 이 책이 나오기까지 물심양면으로 힘써주신 청림출판에 감사의 말을 전한다.

백운숙

밤을 새워 준비해 혼을 다해 말했더니
"그래서 하고 싶은 말이 뭔데?"
라고 들었다…

1판 1쇄 발행 2018년 8월 22일
1판 2쇄 발행 2018년 9월 11일

지은이 다케우치 가오루
구성자 사가노 고이치
옮긴이 백운숙
펴낸이 고병욱

기획편집실장 김성수 **책임편집** 김경수 **기획편집** 허태영
마케팅 이일권, 송만석, 현나래, 김재욱, 김은지 **디자인** 공희, 진미나, 백은주 **외서기획** 엄정빈
제작 김기창 **관리** 주동은, 조재언, 신현민 **총무** 문준기, 노재경, 송민진, 우근영

펴낸곳 청림출판(주)
등록 제1989-000026호

본사 06048 서울시 강남구 도산대로 38길 11 청림출판(주)
제2사옥 10881 경기도 파주시 회동길 173 청림아트스페이스
전화 02-546-4341
팩스 02-546-8053

홈페이지 www.chungrim.com
이메일 cr1@chungrim.com

ISBN 978-89-352-1231-6 03320

· 이 책은 저작권법에 따라 보호를 받는 저작물이므로 무단전재와 무단복제를 금합니다.
· 책값은 뒤표지에 있습니다. 잘못된 책은 구입하신 서점에서 바꿔 드립니다.
· 청림출판은 청림출판(주)의 경제경영 전문 브랜드입니다.
· 이 도서의 국립중앙도서관 출판예정도서목록(CIP)은 서지정보유통지원시스템 홈페이지
 (http://seoji.nl.go.kr)와 국가자료공동목록시스템(http://www.nl.go.kr/kolisnet)에서 이
 용하실 수 있습니다. (CIP제어번호 : 2018023569)